Lettre ouverte
aux Français
qui ne comprennent
décidément rien
à l'Algérie

Youcef Hadj Ali

Lettre ouverte
aux Français
qui ne comprennent
décidément rien
à l'Algérie

Albin Michel

© Éditions Albin Michel S.A., 1998
22, rue Huyghens, 75014 Paris

ISBN 2-226-09589-6
ISSN 0755-1789

A la mémoire de
Abderrahmane Chergou,
assassiné en septembre 1993.

La myopie politique

L'Algérie traverse la crise la plus grave et la plus dramatique depuis l'indépendance. Une crise impitoyable pour la vie des femmes et des hommes de ce pays. L'opinion est hébétée et la conscience humaine révoltée par la démence et la férocité des fanatiques de la théocratie islamiste. Leurs actes ne ressemblent à aucune des « formes contemporaines de violences[1] », et les crimes de l'ETA, par exemple, n'ont rien à voir avec ceux du GIA. Ces exactions relèvent plutôt de la barbarie des siècles passés et rappellent les atrocités de l'époque de la chouannerie.

Cette crise est-elle l'expression d'une dégénérescence ou d'un déclin de la société algérienne ? Exprime-t-elle, au contraire, le besoin fou d'un pays qui tente de basculer à un train d'enfer dans le concert des nations modernes ?

L'Algérie parvint exsangue à l'indépendance. En 1962, après cent trente-deux ans de colonisation et d'occupation, elle s'est retrouvée avec ses seuls paysans — illettrés pour la plupart, n'ayant pour tout capital que leur expérience et leur volonté — pour tenter de faire fructifier son patrimoine. La France n'avait légué à ce pays que cinq ingénieurs agronomes, comme le rap-

pellera un jour le Président Boumediene[2]. Pour mesurer à quel point la société a été bouleversée par trois
décennies de modernisation, il suffit à n'importe quel
observateur dépourvu de préjugés idéologiques de
regarder les agglomérations rurales ou urbaines du pays.
L'Algérie est-elle aujourd'hui « victime » de son progrès,
autrement dit des transformations colossales menées au
pas de charge depuis l'indépendance ? Le rythme des
changements économiques et sociaux s'est-il emballé,
a-t-il été trop brutal pour les structures et les mentalités archaïques, obsolètes, dont l'intégrisme est l'expression la plus fanatisée ? La réalité cruelle que connaît ce
pays fait-elle partie de ces grands « déchirements » de
l'Histoire ? Assistons-nous à l'enfantement inexorable et
douloureux de l'Algérie moderne ? Chacun pourra
juger.

L'Algérie a été le théâtre d'une vertigineuse accéléra-
tion de l'Histoire depuis décembre 1991. Aux portes du
pouvoir, grâce à l'appui du chef de l'État de l'époque
Chadli Bendjedid, le FIS n'a pu transformer l'essai.
Plongé dans une crise dont l'issue était incertaine, le
pays franchit les épreuves une à une. Si le terrorisme
l'endeuille encore, les groupes armés n'ont plus la
liberté d'action qui était la leur il y a deux ans à peine
ou pendant l'« année terrible » (1994). Le processus de
sortie de crise sera certainement long, complexe et douloureux mais, pour l'essentiel, les menaces qui pesaient
sur la République et la démocratie sont déjà du passé.
Le danger de l'État théocratique est aujourd'hui écarté.

Quel chemin parcouru ! Bien entendu, les « mortellement démocrates », c'est-à-dire les enragés du forma-
lisme démocratique façon révolution française de 1848
et pâlote version de Louis Blanc et Ledru-Rollin, font
toujours la fine bouche et exigent séance tenante le

« grand soir », la « double rupture », la « lutte finale » — qu'eux-mêmes ne peuvent réaliser — pour l'avènement de la République idéelle et l'instauration de la démocratie idéale. Au besoin, il en est même qui seraient prêts, pour accélérer l'affaire, à lui donner un coup de pouce au nom du « devoir d'ingérence ». La démocratie est un idéal ancien en Algérie mais sa réalité est naissante et son instauration affaire de génération. Il ne faut pas craindre de le reconnaître et se souvenir que ce sont des démocraties jeunes, mal aguerries, non enracinées qui ont propulsé Mussolini et Hitler au pouvoir d'une manière tout à fait « légitime », c'est-à-dire par le suffrage universel. Le désir de forcer coûte que coûte l'avènement de la « démocratie totale » relèverait de l'aventure.

S'agissant de l'Algérie et de son État, les élites françaises ont adopté un discours ritualisé, quelle que soit la couleur politique des uns et des autres. Faisant battre les tambours et sonner les trompettes, cette élite n'a de cesse de proclamer le verdict fatal : le triomphe du FIS. Martelé depuis 1992 sans interruption, l'effondrement de l'État a été le leitmotiv des commentateurs de l'Hexagone. Le langage « politiquement correct » s'est résumé à la terminologie suivante : « immobilisme », « dictature », « pouvoir corrompu », « effondrement », « uniformisme », « unanimisme ». Intellectuels, médias et spécialistes se sont attachés avec constance à populariser ces stéréotypes.

Le chaos étant une affaire entendue et la perspective du pouvoir islamiste irréversible, les interrogations des experts n'ont porté que sur la forme que prendrait la descente aux enfers. Les spécialistes n'ont pas été avares de pronostics : « somalisation », « libanisation », « iranisation », « soudanisation », « kaboulisation »… Observons toutefois que la crise algérienne n'a pas donné lieu à l'invention de néologismes susceptibles de constituer un modèle. C'est le seul domaine où les experts ont été en panne d'idées.

Spécialistes et commentateurs laissent toujours entendre que le drame du peuple algérien provient des crimes abjects de l'aile extrémiste du FIS d'un côté, et de l'autre, de la répression sanguinaire des faucons «éradicateurs» qui ont évincé les rarissimes colombes conciliatrices des centres de décision. Renvoyant dos à dos militaires et islamistes, le discours dominant suggère que la persistance du terrorisme résulte de l'entêtement criminel de «têtes brûlées» et de «jusqu'au-boutistes» des deux camps. Souvent, on renverse les rôles : l'islamisme devient victime des militaires et, par touches successives, on tente d'innocenter le FIS qui a pourtant remis les clés du champ de tir au Groupe islamique armé (GIA). Au bout du compte, cette présentation débouche sur une explication psychologique de la violence interdisant toute interprétation politique de la crise. En effet, vu sous l'angle psychologique, tout conflit devient nécessairement dépourvu de sens.

Dès lors, la seule position conseillée à tout démocrate qui se respecte est celle de l'«équidistance», du «juste milieu», autrement dit celle qui, par principe, refuse les extrémismes. La thèse de l'«étau» est une des versions de ce discours. Politiquement, cette attitude conduit à la «troisième voie» pensée comme compromis au nom de l'humanisme et du réalisme. Cela donne le fameux «ni ni» illustré à la perfection par le «contrat de Rome*». L'avorton romain, bien que couvé par la pre-

---

* Alliance engagée en 1995, sous les auspices de la communauté religieuse de Sant' Egidio, entre les forces pseudo-démocrates, conservatrices et l'islamisme politique soutenue par

mière puissance mondiale et épaulé par l'Internationale socialiste, a été rejeté par l'Algérie « globalement et dans le détail[3] ».

Convaincus d'avoir percé les mystères de ce pays et découvert les solutions valides, experts et médias français se sont trompés sur le sens et la trajectoire de l'Histoire. Une partie de l'élite française s'est montrée inapte à interpréter la crise et une autre s'est ouvertement rangée du côté de l'islamisme politique : toutes deux se sont fourvoyées. Méconnaissance de la réalité, stéréotypes, arrogance et suffisance ne sont pas étrangers à cette lecture erronée d'événements qui se déroulent à une vitesse prodigieuse. Prisonniers de leurs préjugés et de leur vécu quotidien, nombre d'intellectuels algériens, flattés et choyés par les médias de l'Hexagone, n'ont pas été en reste. Ce qui ne surprendra guère quand on sait que la myopie politique a été la chose la mieux partagée depuis juin 1991 chez les « mortellement démocrates ». Bref, malgré toute leur science, spécialistes de l'islamisme, politologues, commentateurs politiques et conseillers des cabinets ministériels ont été pitoyablement pris de court. Cédant aux fantasmes des maîtres à penser, certains gouvernements occidentaux ont été contraints d'effectuer de brusques changements de ton et d'orientation à divers moments de la crise. Le chef de l'État français en personne a été, semble-t-il, victime de ces analyses caricaturales. L'ancien patron de la DST, Yves Bonnet, qui fait partie des observateurs aver-

les États-Unis, par l'Internationale socialiste et à un degré moindre par les gouvernements de l'Union européenne. Principalement : Front des forces socialistes (FFS), Front de libération nationale (FLN), Ben Bella, trotskistes (PT), islamistes (FIS, Ennahda).

tis de l'Algérie, déclarait à propos des hommes qui entourent Jacques Chirac : « Ce sont des gens de qualité, mais qui portent sur l'Algérie le même jugement négatif et sans nuances. Le moins que l'on puisse dire est qu'ils ne sont pas favorables à ce pays. (…) Les conseillers diplomatiques du Président portent un jugement négatif sur l'évolution de l'Algérie et ne croient pas à la stabilisation interne. Pour eux, le régime d'Alger se confond avec le FLN ; ils le jugent corrompu et le rendent responsable du drame que connaît le pays[4]. » La direction que prend l'Algérie aujourd'hui et les conséquences de la dissolution en France ont montré que ces experts ne sont pas vaccinés contre l'erreur. Il est temps que le technocrate reprenne la place qui lui revient et que le politique retrouve la sienne, la première, celle qu'il n'aurait jamais dû quitter.

Depuis l'élection régulière de Zeroual à la présidence de la République algérienne, experts et commentateurs ont-ils modifié leurs jugements ? Ont-ils pris la mesure de cette période si courte et si dense à la fois ? Hélas ! non. Quels que soient les changements que connaît l'Algérie, les figures imposées fleurissent et les « mots omnibus[5] » s'épanouissent : « renforcement de la junte », des « généraux se partageant le pouvoir », des « clans de l'oligarchie militaire[6] ».

La crise algérienne corrobore-t-elle l'appréciation du directeur de *Libération* qui observait que le vote des Français aux élections législatives de 1997 avait « invalidé les élites sortantes[7] » ? Dans le cas de la France, ce verdict sévère semble prêter à débat. En revanche, s'agissant de la crise algérienne et de son issue, on peut dire sans risque d'erreur que leurs prédictions ont été entièrement « invalidées », tout comme d'ailleurs les prophéties des élites rentrantes. Faut-il considérer alors que l'intelligentsia moderne est « la section la moins utile de la classe moyenne[8] », comme l'affirmait Orwell ?

Nous n'irons pas jusque-là et il n'est pas question ici d'entretenir un discours populiste anti-élite, fait de dénonciations tous azimuts de l'establishment, des technocrates et de la pensée unique, tel qu'on peut le lire depuis des années dans la presse française d'extrême droite. Mais, le travestissement et la contrefaçon intentionnels mis à part, il faut bien admettre que la conception francocentriste de la démocratie, la méconnaissance de la société algérienne et les préjugés tenaces ont fait perdre à l'écrasante majorité de l'élite française toute lucidité dans l'approche de la crise algérienne.

En 1990, dans le camp islamiste, les experts avaient déposé leurs conclusions dans des termes simples mais percutants, parce que fondamentalement politiques : l'Algérie sera *dawla islamiya*[*] et rien d'autre. Cinq ans durant, il a été dit et redit que l'Algérie républicaine ne passerait pas le siècle, les prospectivistes occidentaux l'avaient certifié, certains politiques s'étaient fait une raison pendant que d'autres se dépensaient sans compter pour hâter l'offrande de l'Algérie au parti fasciste. Se fiant au nombre et au spectacle des démonstrations de foules islamistes, ils ont gravement sous-estimé les ressorts cachés de la société algérienne. Ce faisant, ils ont oublié deux ou trois choses qu'enseigne la prospective précisément et en premier lieu le fait qu'elle ne peut établir, en politique surtout, que les contours généraux et approximatifs du devenir d'un système. L'effondrement

---

[*] État islamique.

de l'ex-URSS et des anciens pays socialistes est à ce titre édifiant. Bien que possédant de fabuleux services et des moyens de «veille» permanents sur ces pays, les professionnels de la prospective occidentale sont passés à côté de l'événement majeur de cette fin de siècle. À l'ouest, «le ticket de retour était inconcevable», tandis que pour les spécialistes de la «prévision sociale» de l'est, le basculement dans le capitalisme était impensable.

L'exercice qui consiste à vouloir saisir le rôle et l'impact de l'élément subjectif est hasardeux à l'extrême; la tâche se complique lorsqu'il s'agit d'une société caractérisée par des bouleversements profonds et accélérés. Dans les systèmes connaissant une certaine stabilité ou une inertie des structures et des relations sociales, l'anticipation est plus aisée. Une inertie au demeurant relative car le système complexe des rapports politiques est en perpétuel mouvement, comme les Français ont pu le constater avec le changement inattendu de majorité aux élections législatives de 1997. Que dire alors de l'Algérie où une incroyable série d'événements se sont succédé en quelques années? La rapidité des événements a sans doute contribué à l'inaptitude des analystes occidentaux à lire le sens de la crise algérienne et plus généralement le cours de l'Histoire. Lorsque tout va très vite, il est également essentiel d'avoir une vision du long terme, comme le confiait avec une image très pratique l'auteur du néologisme «prospective». Berger illustrait cette idée en disant que «plus on roule vite, plus les phares doivent porter loin». Or, les commentateurs parisiens suivent la crise algérienne avec des loupiotes de vélo. Cette incapacité à voir loin provient aussi du fait qu'ils n'ont pas pu ou su voir près. Voir loin, chacun le sait, ne suffit pas, et l'intelligence de l'avenir exige simultanément une capacité à lire et à interpréter le présent, ce qui n'est pas toujours évident. Ce problème, en apparence simple, a été formulé de manière limpide par un poète : « Qu'y a-t-il de plus difficile au monde ? » disait Goethe. Il répondait aussitôt : « Voir de ses propres yeux ce qu'on a devant soi. »

Le diagnostic de la pensée unique

Depuis janvier 1992, intellectuels, médias et autres experts français accréditent l'idée d'une Algérie frappée de paralysie chronique. Ensanglanté par la crise qui le déchire, le pays serait paradoxalement figé. Après l'interruption des élections législatives de décembre 1991, le titre d'un éditorial du *Monde* donne le tempo : « L'Algérie en panne[1] ». Un mois plus tard, Jacques de Barrin fredonne à nouveau le même refrain : « formidable inertie mentale » doublée d'un « énorme manque d'idées[2] ». Le directeur du *Monde diplomatique*, Ignacio Ramonet, vocalise quant à lui sur « l'aveuglement [et] l'effarant immobilisme du pouvoir face à la gravité des crises multiples qui garrottent l'Algérie[3] ». Sous la plume de Paul Cambon, *Le Quotidien de Paris* note que, depuis 1992, « deux précieuses années ont été perdues dans l'inaction[4] ». La quasi-totalité des titres ne se lasseront jamais d'entonner l'antienne de l'« immobilisme » de l'État algérien. L'audience du thème est telle que même Alain Juppé s'y associe. Ministre des Affaires étrangères à l'époque, il reprend cette partition en déclarant que le gouvernement français incite les autorités algérienne à « bouger », car, dit-il, « le conservatisme et le statu quo condamnent à l'échec[5] ». Avec une constance exceptionnelle, l'élite française s'attache donc à populariser l'idée d'un pays où pouvoir et société sont atteints de léthargie insondable. En 1995, la fondation Saint-Simon, animée et fréquentée par la fine fleur de l'élite française, se penche à son tour sur ce somnambule que rien ne semble troubler. Pour « éclairer ce conflit et tracer des perspectives », la fondation de la deuxième gauche s'adresse à « un ancien très haut fonctionnaire algérien, qui vit depuis quelques mois à Paris, et à un haut fonctionnaire français, qui a traité le dossier algérien[6] ». En juillet, dans un document de 32 pages, le diagnostic tombe : « immobilisme ». Toujours le même constat, à une nuance près : il n'est pas conjoncturel. Les deux « très hauts fonctionnaires » mandatés par l'« agitateur d'idées de la social-démocratie française », soulignent en effet que l'Algérie renoue aujourd'hui avec la violence « après avoir vécu trente ans dans une sorte d'immobilité, politique, économique, sociale ». Trois décennies sans que rien ne se passe ? autant parler d'infirmité congénitale ! Mais l'espoir demeure car, nous dit-on, cette violence est le signe d'une sortie graduelle du coma et l'Algérie « s'éveille de plus de trente ans d'immobilité[7] ». Fidèle à lui-même, *Le Monde* ne partage pas cet optimisme. Littéralement engourdi, le pays végète, scande toujours et encore Jacques de Barrin : « Sans hommes nouveaux à sa tête, sans projets susceptibles de mobiliser ses énergies, l'Algérie vivote depuis plusieurs années[8]. » Quelle que puisse être sa volonté, l'Algérie paraît dans l'incapacité totale de rompre, seule, avec l'immobilisme. Elle n'en a pas les ressources internes. Aussi, la fondation Saint-Simon, qui a pour vocation de « rendre le champ politique lisible », indique-t-elle la thérapie susceptible de briser cette léthargie chronique : « Le sentiment est très fort aujourd'hui chez une majorité d'Algériens que la solution de leur guerre civile ne peut venir d'eux-mêmes mais de l'extérieur et, en premier lieu, de la France[9]. » CQFD ! Où donc les deux « très hauts fonctionnaires » ont-ils aperçu cette majorité qui implore la France de lui porter secours ? Et la France peut-elle trouver une solution à la « panne » algérienne, alors même que Jacques Chirac admet : « Nous sommes un pays profondément conservateur, dans lequel il est extrêmement difficile de bouger quoi que ce soit, car on se heurte à la fois aux traditions et aux peurs[10] » ? Ainsi, qu'elle soit feinte ou sincère, cette idée d'immobilisme est bien singulière au regard du rythme et du poids des événements survenus en Algérie depuis octobre 1988. Étrange cette persistance du thème du statu quo alors que le pays n'a pas connu un instant de repos ou de pause politique. La cascade d'événements [*] qui ont jalonné cette période n'est jamais ou très rarement prise en considération par les observateurs de la vie politique algérienne. En moins d'une décennie ponctuée de drames politiques et d'un terrorisme islamiste d'une hallucinante cruauté, l'Algérie a en effet consommé neuf gouvernements et vu défiler quatre chefs d'État !

D'octobre 1988 à 1995, il n'existait pour l'élite et les médias français qu'une alternative au chaos généralisé : la République islamiste. Le schéma invariablement proposé se résumait à l'anarchie et/ou l'arrivée, inéluctable, du FIS au pouvoir.

Le chavirement annoncé de l'Algérie dans les récifs de l'intégrisme était-il une surprise pour les observateurs ? La revue *Esprit* ne se montre nullement étonnée.

---

[*] Cf. annexe, p. 243.

Elle assure que la rédaction n'a jamais cru au mirage du modernisme algérien et que depuis longtemps elle s'attendait à la noyade. Son rédacteur en chef, Mongin, signifie aux gobeurs d'une Algérie moderne : « Nous ne nous faisions, à *Esprit*, aucune illusion sur l'État algérien et nous répétions (…) qu'un pays faussement laïcisé et modernisé comme l'Algérie allait sombrer immanquablement dans l'islamisme[11] ».

En 1994, le jour de Noël, la prise d'otages à Alger à bord de l'Airbus d'Air France conforte un peu plus l'idée de l'écroulement fatal de l'État. *Libération*, sous la plume de Gérard Dupuy, voit dans cette opération la preuve de la « vulnérabilité du pouvoir en place[12] ». *Le Monde* critique l'« aide militaire » du gouvernement Balladur et l'invite à se démarquer du gouvernement algérien car, dit-il, « soutenir trop ouvertement un pouvoir que les islamistes qualifient de junte militaire, est un pari bien trop risqué[13] ». Dans cette conjoncture où l'abdication paraissait être la chose la mieux partagée, où certaines rédactions parisiennes empestaient de relents munichois, rares étaient les commentateurs français à honorer les valeurs de la République. Franz-Olivier Giesbert, qui se positionne clairement, est de ceux-là. « Aujourd'hui, écrivait-il, les hérauts de la complaisance demandent qu'on pousse l'Algérie à se livrer aux égorgeurs et aux décapiteurs du FIS. Juste pour avoir la paix et qu'on n'en parle plus[14]. » Le tumulte médiatique parisien annonçant l'avènement de la République islamique étouffe les rarissimes voix qui tentent d'apporter un éclairage différent comme celle de Paul-Marie de La Gorce. Quelques mois plus tôt, celui-ci entrevoyait dans la tourmente qui secouait l'Algérie, « l'indiscutable capacité de résistance de la société algérienne ». Dans cette interview à un quoti-

dien algérois, lors d'un déplacement à Alger, il confiait :
« J'ai pu constater que cette résistance est considérable.
Elle s'exprime de manière différente, naturellement, par
l'attitude du gouvernement, par le comportement de
l'armée, celui des forces de l'ordre, également par les
aspects caractéristiques de la politique sécuritaire menée
par le pouvoir actuellement en place. N'oublions pas
l'existence manifeste de camps politiques, intellectuels
qui sont tout à fait décidés, à mon avis, à résister sans
complaisance à l'opposition islamiste armée (...). La
hiérarchie politique et sociale dans toute sa totalité, c'est
aussi ceux qui descendent dans la rue pour manifester
leur hostilité à la perspective d'un État religieux[15]. » Ce
point de vue était évidemment ultra-minoritaire.

À trois mois du scrutin présidentiel algérien, la plupart des commentateurs français soutenaient mordicus
que l'horizon était totalement bouché et qu'aucun signe
n'indiquait un début de sortie de crise. C'est la raison
pour laquelle la première élection présidentielle pluraliste, qui s'est déroulée en Algérie le 16 novembre 1995
et qui a porté Liamine Zeroual à la tête de la
République, a dérouté une opinion française gavée de
poncifs. Le peuple algérien désabusé, frappé d'immobilisme pouvait-il bouger ? L'électorat pouvait-il renier le
scrutin de décembre 1991 au point de donner ses suffrages à un pouvoir despotique qu'il exècre ? Le parti
pris des spécialistes de l'Algérie était tel qu'ils en ont
oublié certains enseignements de l'Histoire dont les
foudroyants changements nous laissent quelquefois
interdits. L'Angleterre, par exemple, celle de 1938
d'abord, celle de Chamberlain et du « pacifisme » munichois, puis brusquement l'autre, celle de 1940, de
Churchill, « du sang et des larmes » et de la dignité
retrouvée. L'Algérie administre aux élites bardées de

certitudes un autre fantastique exemple de retournement. Alors qu'on prévoyait, au pire un embrasement, et au mieux un boycott spectaculaire, voilà qu'en France même les émigrés donnent l'exemple en se ruant vers les bureaux de vote pour accomplir leur devoir civique. «Des dizaines de milliers d'Algériens en France, qui précédemment s'abstenaient massivement, n'en ont pas moins bravé les menaces, affronté les difficultés pour se ruer aux urnes. Bien que tout ait été fait par l'État français pour les dissuader», écrira Jean-François Kahn. Les appels au boycott des partisans de l'accord de Rome, principalement le FFS et le FIS, ne trouvent pas d'échos. En se rendant massivement aux bureaux de vote, la population, bravant les menaces de mort du GIA qui promettait de «transformer l'urne en cercueil», clame son refus du terrorisme. Ce que Jean-François Kahn apprécie comme une véritable «insurrection civique et démocratique», une «formidable et splendide manifestation dirigée contre le terrorisme et le fascisme[16]». La stupéfaction qui a saisi une opinion française anesthésiée par ses hommes politiques, ses médias et des intellectuels français et algériens «à la carte» est bien rendue par l'éditorial de Franz-Olivier Giesbert intitulé «La fin du prêt-à-penser». Pour l'éditorialiste du *Figaro*, «on ne se méfiera jamais assez de la pensée unique (...). Sur la question algérienne, elle en venait même à imposer sa loi. Jusqu'à ces derniers jours. Souvenez-vous. Il n'y a pas si longtemps, on n'avait presque pas le droit de contester l'avis des experts patentés sur la fatalité intégriste. Leur refrain : l'Algérie était condamnée à tomber, un jour, dans la nuit du fondamentalisme. Il fallait s'y résigner (...). La presse étant souvent tentée par le panurgisme, elle ressassait le même refrain (...). À en croire quelques perroquets du prêt-à-penser, l'avenir du pays était entre les mains des formations qui, à Rome, au début de l'année, ont signé un "contrat national" avec le FIS [17]. » Bien entendu, la presse bien-pensante ne se lassera pas de discréditer le scrutin. Elle fera la fine bouche, trouvera à redire et se mettra même à tirer à boulets rouges sur la « junte au pouvoir » et les services secrets algériens accusés d'avoir procédé à d'« intolérables » pressions sur seize millions d'électeurs algériens afin qu'ils participent au vote. Visiblement désolé de l'inconsistance de l'argumentation, Kahn écrit : « Hélas, il s'est trouvé chez nous des commentateurs pour mettre cette insurrection civique et démocratique sur le seul compte de la crainte d'être fiché par le pouvoir en cas d'abstention, comme si le risque n'était pas encore plus grand de l'être, en votant, par les tueurs islamistes. » Probablement désespéré de ces « litanies politiquement incorrectes », cet observateur de la vie politique française semble se faire une raison : « Mais quoi, ce ne sont que des bougnouls ! racisme sans frontières [18]. »

Les dogmes hexagonaux

Immobilisme, effondrement et capitulation de l'État ont donc été les thèmes de prédilection du discours dominant. Dans une belle unanimité, l'élite française et les « démocrates » algériens ont présenté l'effondrement de l'Algérie et de ses institutions, avéré ou imminent, comme l'aboutissement logique d'une gestion politique calamiteuse conduite, depuis 1992, par un « pouvoir impopulaire » dont le divorce avec le peuple était à jamais consommé. *Le Monde* résume à sa façon l'origine du chaos qu'il impute à « une équipe au pouvoir [qui] gère le pays à la petite semaine, au mieux de ses intérêts[1] ». Pour nombre d'analystes, il est même impropre de parler de gouvernement pour rendre compte de l'organisation et du fonctionnement du pouvoir d'État, lequel serait, lui aussi, une fiction. De l'avis du politologue français Sami Naïr, « le pouvoir n'existe plus. Il y a des clans qui tiennent des secteurs du pouvoir[2] ». Détenu sans partage, le pouvoir est, dit-on, usurpé par une caste dont l'ossature est évidemment constituée de militaires. Qui plus est, précise *Info-Matin*, organigramme à l'appui, « dans aucune autre armée de la planète, des hommes d'une seule région, l'est, ne concentrent autant de pouvoirs[3] ». Le défunt quotidien, qui ne fait pas dans la demi-mesure, applique le tarif complet en parant ce « système clanique qui tient tout le pays » de deux tares — le despotisme et la corruption — et lui ajoute deux autres traits : la dissidence et la scission.

En 1997, *Libération* atteste que cette armée est « partagée entre clans rivaux[4] ». Experts et médias ne se lassent pas de démontrer que le clan militaire, profondément lézardé, miné, est en voie d'éclatement. Selon Gilbert Grandguillaume, la fissure est double : la hiérarchie militaire, qui « ne représente pas un courant homogène », est menacée par « une partie de l'armée entrée en dissidence avec les chefs[5] ». Selon un autre spécialiste, Louis Martinez, nouvelle coqueluche des médias, cette double fracture — horizontale et verticale — est amplifiée par un troisième antagonisme : le divorce des générations. Ce chercheur soutient que les jeunes loups « peuvent essayer de mettre un terme à la stratégie des généraux issus de la guerre d'indépendance et négocier avec les émirs de la guérilla un partage du pouvoir ». Il n'exclut pas « un coup d'État militaire fomenté par de jeunes officiers (...) chargés de la répression[6] ». Friands des mœurs du clan, certains titres de la presse parisienne ne manquent aucune occasion pour inventorier les turbulences qui ballottent la « caste ». Dans son édition datée du 28 mars 1996 rendant compte d'un « conclave des chefs de secteurs militaires », *Le Monde* affirmait, sur la foi de « sources proches du ministère algérien de la Défense », que ce rassemblement, tenu « à huis clos », visait à « aplanir les divergences apparues entre les différents clans de la haute hiérarchie de l'armée[7] ». Au lendemain des élections présidentielles du 16 novembre 1995, *Libération* tente de lever le *hijab* obscur qui enveloppe ce régime impénétrable et décrypte comme suit les mécanismes occultes qui régissent la « Grande Muette » : « Dans ce système — où le Président n'est ni sans pouvoir ni non plus indépendant — les décisions importantes sont avalisées au cours de conclaves réguliers de l'armée qui fonctionnent par consensus. Cela permet de conserver une cohésion de façade[8]. »

Que des désaccords se manifestent au sein de l'institution militaire, quoi de plus normal et de plus banal ! dirait le commun des mortels. Impensable en Algérie, semble dire la presse bien-pensante. Si en France les divergences relèvent de l'ordinaire, dans le cas de l'Algérie elles sont à classer forcément dans le registre de l'extraordinaire. Prenons un exemple récent : en relatant l'abominable assassinat des sept moines trappistes du monastère de Tibéhirine (Médéa), *Le Monde* révélait l'existence de divergences entre les services secrets français sur le GIA et notamment sur les « moyens de s'en approcher ». En faisant état du « désaccord de fond » entre la Direction générale de la sécurité extérieure (DGSE) et la Direction de la surveillance du territoire (DST), le journal se contentait de noter que les « différences dans l'analyse (...) sont sans doute à l'origine de ce qui a pu apparaître comme des erreurs tactiques dans la démarche à suivre », suite au rapt des sept moines[9]. *Le Monde* n'interprète pas, à juste titre, cette mésentente comme l'expression d'une scission au sommet de l'État français, de son armée et de ses services de sécurité. Dès lors qu'il est question de l'Algérie, l'opinion doit en revanche s'accoutumer à l'idée que tout désaccord dans les rangs de son armée est fatalement annonciateur de l'apocalypse. À l'inverse, tout « consensus » est forcément « de façade ». D'ailleurs, lorsqu'on est à court de nouvelles ou d'arguments témoignant de « dissensions graves qui traversent le régime », la parade est simple. Séance tenante, cette même presse s'adonne à un exercice qu'elle affectionne : tourner en dérision l'unanimisme béat et l'uniformisme grisâtre d'un pouvoir en panne d'imagination.

Assurément, il faudrait être naïf pour croire que la secousse qui a ébranlé la société algérienne n'a pas atteint le sommet de l'État ni provoqué des tiraillements au sein de la hiérarchie militaire. Dans les conditions de 1992-95, le consensus était vital pour faire face à la crise et la traiter, et il était d'autant plus indispensable qu'il n'existait pas d'institutions élues. Paradoxalement, les observateurs éluderont superbement un enseignement capital du séisme qui a ébranlé le pays : la résistance de l'institution militaire à l'onde de choc. Au cœur d'une crise qui a déchiré la société, confrontée à une conflagration qui a pris des tournures tragiques, l'armée est parvenue à préserver sa cohésion sur l'essentiel et à éviter les déchirements qui auraient immanquablement conduit à la guerre civile. Raymond Aron observait qu'au tournant de chaque évolution, de chaque crise ou de chaque fracture du corps social, correspondait un tournant, une crise ou une fracture de l'appareil militaire [10]. Or, malgré l'ampleur du drame algérien, l'armée n'a pas implosé. C'est un fait assez rare, sinon exceptionnel. Mais *Le Monde* a sa logique propre : après les élections présidentielles et législatives, il revient tout de même sur le pouvoir de la « junte » et, en septembre 1997, il sonne la charge avec une ouverture à la une fracassante, annonciatrice de journées terrifiantes : « La junte algérienne se déchire… » En page 2, le journal titre : « Les luttes de clans s'exacerbent au sein du pouvoir » et commente : « Le pouvoir algérien est opaque [11]. »

Divisée ou unanimiste, c'est selon, cette armée algérienne a de surcroît une vocation particulière pour le métier de serrurier, répètent les bien-pensants. « Verrouiller le système à son seul profit, tel est son but essentiel [12] », écrit *Le Monde*. Olivier Roy, directeur de recherche au CNRS et spécialiste de l'Islam, atteste de son côté que « le souci unique de la nomenklatura est de garder le pouvoir [13] ». Cette corporation de serruriers qui cadenasse le pays est nécessairement « truffée de dictateurs, qui ont pour seule vertu d'être des casseurs de barbus [14] », confie Mongin, tandis que dans *InfoMatin*, Éric Zemmour rivalise avec les islamistes pour charger la barque de ce « régime (...) dirigé par des tyrans et des généraux bouchers [15] », alors que Laurent Joffrin s'apitoie dans *Libération* sur le sort des démocrates « écrasés entre les forces dictatoriales de l'armée et des islamistes [16] ».

Le tableau de la « caste politico-militaire » disloquée, despotique, est loin d'être achevé. Pour parfaire la fresque, on y ajoute la corruption. Sur ce thème, il y a matière à se délecter car, dans les rédactions de la presse parisienne, c'est à qui surpasse l'autre. Il n'est même plus question d'émulation mais de stakhanovisme dans la surenchère et la caricature. Pour *Le Monde*, la « nomenklatura militaire » a pour « seule préoccupation de préserver ses privilèges et d'améliorer ses rentes de situation, s'y employant, aujourd'hui comme hier, en temps de guerre comme en temps de paix, avec autant d'assiduité que de cupidité [17] ». Le géographe Yves Lacoste, directeur de la revue *Hérodote*, s'associe à son tour au dégoût unanime : « Je ne me fais aucune illusion sur l'honorabilité du gouvernement algérien, mêlé à la corruption et aux exactions [18]. » La classe politique n'est pas en reste. En août 1994, au lendemain de

l'assassinat de fonctionnaires français dans leur résidence de la cité Aïn-Allah (Alger), certains hommes
politiques, et non des moindres, ne font plus dans la
nuance. C'est Bernard Stasi, par exemple, jusqu'alors
mesuré dans ses appréciations mais peut-être sous le
coup de l'émotion, qui avertit que ce n'est pas en apportant un soutien inconditionnel à un « gouvernement
discrédité » qu'on parviendra à écarter le danger islamiste. Jean-François Deniau, habituellement prudent
lui aussi, condamne ce pouvoir, « qui a fait la preuve de
son inefficacité à trouver une solution démocratique »,
et n'hésite pas à le qualifier : « dictatorial, corrompu ».
Pour le Parti communiste français, les intégristes, dont
il dénonce les crimes, se nourrissent de la crise et surtout
d'« une corruption qui gangrène l'appareil d'État [19] ». À
la veille de la rencontre avortée Zeroual-Chirac à New
York, *Libération* divulguait les sentiments nourris par
Matignon et le Quai d'Orsay, en privé, précise-t-il, à
l'égard de leurs homologues algériens : « Des dirigeants
iniques et totalement corrompus, mais que nous
connaissons, valent mieux que le saut dans l'in-
connu [20]. » Dans son entretien télévisé du 12 décembre
1996, sur TF1, Jacques Chirac, explique la montée de
l'islamisme en Algérie par la corruption : « Vous savez,
dit-il, les Algériens ne sont pas des gens spontanément
portés à l'intégrisme, pas du tout (...) ce sont des gens
tout à fait ouverts et qui ne sont pas, je le répète, intégristes. Ils ont été sensibles à l'intégrisme en quelque
sorte par réaction contre un régime, depuis l'indépendance, qui n'a pas fait ses preuves — il faut dire les
choses comme elles sont — et qui a été aussi marqué,
frappé par la corruption. »
    Le verdict est impitoyable : tous dans le même sac,
tous pourris ! Pour la curée, on fait appel au témoignage

de l'Algérien de service, comme ce politologue invité par *Le Nouvel Observateur* à évaluer le degré de prévarication au sein de l'armée. Quelle évaluation donne-t-il des militaires compromis ? 1 % ? 10 % ? 50 % ? Plus encore ? Rien de tout cela. Notre spécialiste ne se perd pas dans des estimations approximatives. Selon son expertise, c'est du 100 %. Il accuse de corruption non pas des militaires — ce que personne ne contesterait — mais toute l'armée, l'institution en tant que telle, dont il dit notamment : « L'armée fait partie de la bourgeoisie nationale parasitaire, qui s'est largement substituée à l'État colonial. Elle vit des détournements de fonds publics. Elle cherche avant tout à sauvegarder des privilèges qu'elle a estimés menacés par l'arrivée au pouvoir du FIS [21]. » *InfoMatin* renchérit de son côté sur cette « nébuleuse galonnée qui constitue la nouvelle bourgeoisie aux fortunes colossales [22] ». La corruption serait en quelque sorte congénitale et les dirigeants algériens, sans exception, porteraient la cupidité dans leurs chromosomes, exactement comme leur État serait né corrompu le jour de l'indépendance. Ces jugements sont rendus au moment même où une série de scandales éclaboussaient les milieux politiques français et ternissaient l'image de l'Hexagone à l'étranger, comme ne manquait pas de le souligner Alain Peyrefitte qui range les « affaires » parmi les « trois maux qui rongent la société française ». Doit-on pour autant conclure que la classe politique française, sans exception aucune, est « mouillée » ? C'est un pas que nous ne franchirons pas, c'est là un amalgame nauséabond cher à l'extrême droite, à Le Pen notamment, qui excelle dans l'exploitation démagogique de ce misérable fonds de commerce. C'est à ce type d'exercice que s'est livré, au moment des élections municipales de juin 1990, un

ancien Premier ministre du Président Chadli, Abdelhamid Brahimi, en déballant le fantasmagorique montant de « 26 milliards de dollars détournés » depuis
1962. Avancée sans la moindre preuve, cette somme
colossale correspondant au montant de la dette extérieure algérienne est, en guise d'argument électoral,
royalement servie au FIS qui n'en demandait pas tant.

Chacun sait que pour conclure des « affaires », il faut
nécessairement deux parties (ou trois lorsqu'il y a un
intermédiaire), c'est-à-dire un corrompu et un corrup-
teur, tous deux condamnables et passibles des tribunaux. En 1994, les exportations françaises vers l'Algérie
s'élèvent à environ « 14 milliards de francs avec un déficit commercial pour l'Algérie de l'ordre de 6 milliards
de francs » et, selon certains experts, il y a « plus de mille
PME françaises qui ne vivent que du marché algérien
qui demeure un marché captif de l'économie française[23] ». Or, si l'on postule, comme certains, que la corruption atteint des seuils aussi faramineux en Algérie, il
faudrait en conclure logiquement que la France est
complice, compte tenu de la place qu'elle occupe dans
les échanges extérieurs de l'Algérie depuis l'indépendance.

Cela dit, s'agissant des « affaires », l'Algérie serait sans
doute mal avisée de faire la morale aux autres mais
l'Italie, le Japon, la Belgique, le Maroc, la Russie ou la
France, pour ne citer que ces pays, ne sont certainement
pas les plus aptes à lui donner des leçons de probité.
D'innombrables affaires impliquant des partenaires
français ont été traitées par la justice algérienne, d'autres
sont en cours et il serait pour le moins surprenant que
les autorités françaises ne disposent pas de listes de
cadres algériens corrompus.

Les procès et les dossiers ouverts sur la corruption,

dont rend compte régulièrement la presse algérienne, révèlent que ce phénomène touche, à des degrés divers, toutes les couches sociales et en particulier une fraction de celles qui détiennent quelques pouvoirs. Comme les démocraties occidentales, l'Algérie, hélas! n'est pas vaccinée contre ce fléau, et l'éradication de ce « mal structurel » ne sera nullement aisée. Visiblement ignorée par l'opinion occidentale, la lutte contre la corruption, relancée ces derniers temps par les autorités algériennes, doit évidemment persévérer et atteindre les centres essentiels. Comment *Le Monde*, par exemple, présente-t-il l'opération « mains propres » en cours en Algérie? Les rares fois où Pierre Tuquoi en rend compte, c'est pour suggérer qu'il s'agit d'une campagne de déstabilisation des cadres, de chasse aux sorcières et de règlements de comptes entre clans rivaux du pouvoir. Si l'on peut concevoir que la prudence autorise de telles hypothèses, avouons qu'il faut être particulièrement audacieux pour jeter le doute et le discrédit sur le sens et le but de l'opération. Le point de vue du *Monde* sur l'État algérien et ses dirigeants ne changera visiblement jamais. La justice demande des comptes? Il ne peut s'agir que de règlements de comptes, d'une mystification destinée à soulager ou satisfaire l'opinion. Les mêmes accuseront naturellement les pouvoirs publics de complicité et de concussion si, au contraire, le statu quo et le mutisme règnent sur la question.

Les opinions portées sur l'État algérien ont-elles changé depuis les premières élections présidentielles pluralistes de l'histoire de l'Algérie? Les avis sont-ils plus tempérés depuis le vote du 16 novembre 1995 qui a vu Zeroual légitimé par les urnes? La force de l'habitude, l'ancrage des préjugés et la pression de la pensée unique sont tels que rien n'y fait. À de rares exceptions près, le portrait du pays est toujours aussi grotesque. Que le Président de la République soit élu au suffrage universel ne change rien à l'affaire : pour les médias, le pays est toujours dirigé par une «junte».

Le 12 décembre 1996, la rédaction de TF1 s'adresse en ces termes à son invité, le Président de la République française Jacques Chirac : «Les extrémistes islamistes algériens nous reprochent notre politique de soutien à une junte en place en ce moment à Alger. Est-ce que la France va continuer à soutenir un pouvoir qui, c'est le moins que l'on puisse dire, méprise les libertés les plus élémentaires ?» Jacques Chirac répond : «Oui, je ne sais pas si les gens du GIA sont les mieux placés pour donner des leçons de démocratie et de liberté (...). La France ne fait pas d'ingérence dans les affaires de l'Algérie. Aucune ingérence. Je note tout de même que le Président algérien a été élu dans des conditions qui n'ont été contestées par personne sur le plan de leur fondement démocratique.» Rien n'y fait. Le journaliste réplique à propos du processus démocratique que «ce qui se passe aujourd'hui en Algérie, ça n'en prend pas le chemin».

Ressassant son flonflon préféré, José Garçon, chargée de «couvrir» l'Algérie à *Libération*, nous apprend que les responsables européens «déplorent en privé que les haut gradés de l'armée continuent de s'enrichir pendant que la société algérienne se paupérise à vue d'œil[24]». Dans la même édition, *Libération* interroge Alain Finkielkraut qui, dit-on, parcourt d'un regard pénétrant les mystères et les ruines de l'histoire du XXe siècle. Pénétrant les arcanes de la crise algérienne, qu'il avoue toutefois plus complexe que la crise yougoslave, le philosophe cloue au pilori le pouvoir algérien «dont l'incurie, la corruption et le caractère dictatorial ne sont

plus à démontrer[25]». François Gèze brode à son tour :
« C'est un régime de mafieux et de corrompus, dont les
jeux de pouvoir instrumentalisent les dérives des islamistes les plus durs pour se maintenir en place[26]. »

Ce qui frappe dans la relation entre experts et journalistes, c'est le renversement total des rôles tout au
moins sur la crise algérienne. Le spécialiste est sollicité
non pas pour apporter un éclairage mais plutôt pour
étayer les thèses préétablies du journaliste, c'est-à-dire
pour conforter la ligne éditoriale du journal. Il n'y a
quasiment jamais d'échanges contradictoires, c'est l'empire de la pensée unique. Consulté par *Le Monde* sur les
forces qui ont « intérêt à la poursuite de la guerre civile »,
Gilles Keppel, spécialiste du monde arabe et directeur
de recherche au CNRS, échafaude la thèse des « profiteurs de la guerre » à partir d'anecdotes « racontées par
un ami algérien », précise-t-il. Keppel identifie trois
catégories de prédateurs : « 1. Les GIA qui attaquent des
quartiers rivaux et dévalisent des banques. 2. Les
groupes d'autodéfense, armés par l'État pour faire face
aux GIA, qui participent (...) au système de la prédation. 3. Les éléments de la nomenklatura militaire qui
ont accès au système de la rente[27]. » Cette thèse, élevée
par Keppel au rang de puissant phénomène social qui
asphyxie toute dynamique de paix, vise à prouver que
la crise algérienne relève non pas des sphères politique
et idéologique, trop nobles, mais d'un facteur infâme :
la rapine. Avec sa thèse des « profiteurs de la guerre »,
présentée comme une innovation essentielle de la
science politique pour une interprétation infaillible des
ressorts de la crise algérienne, Keppel découvre en fait
le fil à couper le beurre. Qu'y aurait-il en effet d'inédit
et de surprenant dans le fait que des individus tirent
profit d'une situation de crise ou de guerre ? En la

matière, l'Algérie n'a rien inventé et Keppel devrait pouvoir le vérifier auprès de tout citoyen français qui a vécu sous l'Occupation. Il peut également s'en convaincre en se régalant de Gabin, Bourvil et de Funès dans *La Traversée de Paris*.

Cela dit, pour étayer sa théorie, Keppel aurait pu avoir confirmation de telles pratiques sans recourir aux révélations anonymes et abracadabrantes de son « ami algérien ». Il lui aurait suffi de consulter, de temps à autre, la presse algérienne. En février 1997, par exemple, il aurait pris connaissance d'une première : le procès et la condamnation du préfet de Bouira par le tribunal correctionnel de Tizi-Ouzou. Arrêté en 1995, relevé de ses fonctions et placé en détention préventive à la suite d'une instruction menée par la Cour suprême, l'ex-préfet était poursuivi pour « corruption, trafic d'influence et commercialisation de biens publics », pour avoir servi d'intermédiaire dans un trafic de quelques dizaines de logement sociaux vendus à des citoyens fuyant les localités rurales assaillies par les terroristes ou à des connaissances qui en tiraient des profits substantiels [28]. Dans la rubrique des faits divers du *Soir d'Algérie*, Keppel aurait pu lire aussi, avec force détails, qu'en mars 1997 quatre jeunes gens, policiers de leur état, venaient d'être déférés devant le tribunal d'Alger pour avoir délesté des commerçants ambulants de leurs marchandises. Il aurait su que ces agents indélicats avaient été mis sous les verrous par leurs collègues grâce aux indications fournies par les victimes. Il aurait appris enfin qu'après six heures de procès et deux heures de délibération, le jury, présidé par une femme, leur infligera dix ans de prison [29]. Si les institutions de la République sont très loin d'être parfaites, si elles connaissent des défaillances et ont besoin d'être profondément réformées et modernisées, il est grotesque d'en rajouter comme le fait Keppel en les présentant comme totalement gangrenées.

Il faut dire que le relevé des « profiteurs de la guerre » proposé par Keppel est quelque peu tronqué. Comme au jeu des sept familles, il aurait pu en effet compléter sa liste avec d'autres acteurs qui ont bénéficié, eux aussi, à leur manière, de la crise. Le divertissement, cette fois cruel, aurait consisté à ajouter au répertoire ces experts et intellectuels que le drame algérien — créneau porteur — a sortis de l'anonymat. Keppel aurait pu aussi faire monter les enchères avec ces bateleurs de l'islamisme qui se sont shootés aux shows télévisés sur l'Algérie pour se bâtir un brin de réputation et ce jusqu'à l'overdose pour certains louveteaux de la science politique, tel ce jeune docteur qu'évoque comme suit Thierry Leclère : « Sollicitée en l'espace de deux semaines par toutes les rédactions radio et télé de France, Séverine Labat ressort un peu groggy de son marathon médiatique[30]. » Enfin, il aurait pu rajouter au catalogue ces Algériens autoproclamés intellectuelsgrands-démocrates-devant-l'éternel, ceux-là mêmes qui n'ont jamais levé le petit doigt quand, en 1991-1992, l'islamisme menaçait de renverser la République. Certains de ces démocrates du « dernier quart d'heure » sillonnent aujourd'hui la France et la Navarre pour assener leurs analyses sur l'« étau » et dispenser la bonne parole dans les manifestations de solidarité avec l'Algérie, tandis que d'autres ont saisi l'occasion pour réussir leur exil économique.

Le discours sur les « profiteurs de la guerre » n'est en réalité qu'une version du « modèle colombien » transposé à l'Algérie par Ignacio Ramonet. Il ne faut pas sor-

tir de Saint-Cyr pour comprendre que la thèse des profiteurs, élevée au rang de tendance lourde, dédouane le
GIA d'une part et vise, d'autre part, à démontrer que
c'est finalement l'institution militaire qui demeure
l'unique obstacle au retour à la paix civile.

C'est donc un florilège de spéculations qui a escorté
l'élection de Zeroual à la présidence. Sur le thème de la
rapine, l'hiver 1997 a vu l'éclosion d'une nouvelle percée théorique. L'auteur, Louis Martinez, y expose une
problématique beaucoup plus élaborée que celle de
Keppel. Alors que chez ce dernier la prédation a un
caractère somme toute conjoncturel, pour le premier le
recours au brigandage est structurel car historiquement
déterminé. Pour Martinez, l'évolution actuelle de
l'Algérie est semblable à celle qu'aurait connue ce pays
à la veille de la colonisation française. Afin de ne pas
trahir la pensée de Martinez, livrons l'intégralité de son
approche : « L'un des scénarios d'évolution de ce pays
est dans l'assimilation progressive des maquisards islamistes. En effet, ces derniers, loin d'être étrangers aux
responsables militaires, partagent avec eux un imaginaire politique commun, dans lequel la violence est une
vertu valorisée. Tout comme les soldats de la libération
(1954-1962) aspiraient à remplacer les "colons", à
défaut de construire un État, les maquisards islamistes
ambitionnent de prendre la place des anciens soldats de
l'Armée de libération nationale (ALN) devenus des
notables. Les points de convergence sont nombreux
entre ces deux "ennemis". Aussi, n'est-il pas exclu que
s'opère progressivement une fusion. Tous deux abhor-
rent les partis politiques et considèrent que la véritable
école du pouvoir se situe dans les maquis, où les qualités de "chef" sont mises à l'épreuve. Le devenir politique de l'Algérie ne se situe pas dans un hypothétique

État islamique, encore moins démocratique, mais dans la réinvention du beylicat, une organisation politique qui avait assuré à la Régence d'Alger une relative stabilité dans la violence. Tout comme au cours de cette période historique, il n'est pas exclu que le régime parvienne à coopter des "émirs" pour en faire ses meilleurs défenseurs dans les rangs de l'armée avant de les faire siéger dans le Sénat que la nouvelle Constitution propose d'instaurer. Les contraintes de l'évolution de l'Algérie ne sont, dans cette perspective, pas tant dues à la "menace islamiste" qu'à la reproduction dans la guerre de pratiques accordant à la violence les vertus de la compétence politique [31]. » Quelques jours après, invité par Le Monde, il réaffirme que, pour les militaires, « ce processus de récupération des islamistes s'inscrit dans le modèle du beylicat qui consistait, au cours de la période ottomane, à nommer gouverneurs des représentants de l'opposition. Ce processus historique a permis à la Régence d'Alger de durer trois siècles. Seule la colonisation y a mis un terme [32] ».

De l'analyse d'un pays neuf, d'une nation qui n'a pas encore réellement émergé dans sa plénitude, d'une crise dont l'enjeu est la préservation et l'achèvement de l'État républicain, d'une dynamique dramatique qui tend à la construction d'un ordre national rénové, Martinez et Keppel décèlent une logique : celle de la rapine. Attentats à la voiture piégée et égorgements à la tronçonneuse auraient pour soubassement le brigandage dont tirent profit GIA et militaires associés. En poussant la thèse de la rapine à l'extrême, c'est-à-dire jusqu'à l'absurde, on pourrait démontrer que les militaires s'apprêtent à quitter la Régence pour écumer les eaux paisibles de la Méditerranée. Les trésors locaux épuisés, l'Algérie exsangue, ces pirates des temps modernes, balayant la 6ᵉ flotte américaine, vogueraient à la conquête de Marseille, Naples ou Barcelone, leur nouvel eldorado ! Finalement pourquoi Martinez fait-il une incursion dans l'histoire de l'Algérie précoloniale ? À quelle logique répond sa thèse du beylicat et de la rapine ? Pourquoi remonte-t-il jusqu'à 1830 pour construire son paradigme de l'institution militaire qui profite de la guerre ? N'est-ce pas pour tenter de démontrer que finalement seul l'intervalle de la colonisation a pu mettre la société algérienne à l'abri d'un tel fléau ? Après cet intermède de probité flamboyante, l'indépendance à peine acquise, le pays aurait repris ses habitudes ancestrales de corruption et de rapine. Autrement dit, seul le colonialisme a pu moraliser l'Algérie, chacun ayant en mémoire, n'est-ce pas ? sa mission hautement civilisatrice. Ainsi, en 1997, on peut faire impudemment bon marché de l'histoire. Si, comme le rappelle Martinez, le colonialisme a cassé le modèle beylical songe-t-il aujourd'hui au droit d'ingérence pour briser ce nouveau péril ?

Finalement, c'est probablement dans les commentaires du *Monde diplomatique* et du *Nouvel Observateur* que l'on peut obtenir la quintessence du clan militaire algérien : une mixture de « modèle colombien » et de « tontons macoutes ». C'est une dérive vers une armée de type haïtien qu'accrédite l'hebdomadaire de Jean Daniel qui donne la touche finale au portrait en titrant : « Une armée de tonton macoutes [33] ». Ramonet explicite le scénario en cours en Algérie : « L'armée accepte désormais, pour son plus grand profit économique et pour celui des mafias qui l'entoure, l'idée de laisser le pays s'installer dans une situation à la colombienne, c'est-à-dire que les affrontements entre les forces de l'ordre, les guérillas islamistes et les milices de "patriotes" causent des milliers de morts par an. Pendant des décennies[34]. » Dès lors, pour ne pas avoir à choisir entre la peste et le choléra, l'historien Benjamin Stora conseille que l'on se tienne « à égale distance du pouvoir et des islamistes », autrement dit conseille d'adopter le « ni ni » cher à François Mitterrand et repris par Aït-Ahmed.

À première vue, on pourrait croire que ces propos sur l'institution militaire algérienne résultent d'un sentiment antimilitariste assez partagé, pour des raisons historiques, au sein de la gauche française. Certaines fractions de la droite ont aussi souvent fait preuve de défiance vis-à-vis de la chose militaire. Pourtant, l'argument antimilitariste est inopérant pour expliquer l'hostilité systématique d'un grand nombre d'intellectuels vis-à-vis de l'armée algérienne. Pour une raison simple : depuis plus de trois décennies, l'antimilitarisme a quasiment disparu dans ces milieux et dans l'opinion française en général. Intellectuels et classe politique, de droite et de gauche, se retrouvent dans cette foi commune qu'ils expriment ainsi : « La nation considère que l'armée française est bien son armée et l'armée se considère aujourd'hui comme l'armée de la nation. » S'il subsistait le moindre doute sur l'attachement de l'élite française à son armée, *Libération* s'est fait un point d'honneur de le lever. En 1994, Jean Guisnel, adjoint au rédacteur en chef, se félicitait que l'armée ne soit « plus confrontée (…) à une critique radicale et idéologique ». Elle est devenue un sujet de consensus comme le montrent, disait-il, « les applaudissements nourris à l'adresse des soldats qui défilent le 14 juillet sur les Champs-Élysées » et les sondages d'opinion. Il montrait en revanche son inquiétude face à des Français enclins à « préférer être spectateurs et non plus acteurs de leur défense». Cette tendance, ajoutait-il, qui «suggère de confier à des professionnels (...) le soin de leur protection, et donc de refuser d'envisager la possibilité du sacrifice, comporte un risque : les Français fragilisent le socle national sur lequel repose l'armée et vident de son contenu une partie de l'idéal démocratique et républicain[35]».

Valable pour la France, cette conception de la défense des idéaux républicains ne l'est plus dès lors qu'il s'agit de l'Algérie. Les mêmes n'arrivent décidément pas à concevoir qu'elle puisse être une nation souveraine se frayant sa propre voie vers la modernité. Que l'État algérien donne à des habitants de localités rurales éloignées et de zones montagneuses, de surcroît à leur demande expresse, les moyens d'organiser leur défense, de sauver leur vie et leur honneur contre la monstruosité sans nom des groupes terroristes et l'on assiste aussitôt à une levée de boucliers : «dérapage», «prémisses de la guerre civile», «milices», «mercenaires». Ces citoyens, organisés en groupes d'autodéfense dans le cadre de la loi et sous contrôle du préfet, ne sont pas dignes de porter le nom de «patriotes» selon *Le Monde* et *Libération* qui préfèrent l'appellation de «milices», tout comme Aït-Ahmed qui les qualifie de «groupes mafieux». Le choix n'est pas gratuit, milice renferme, comme chacun sait, une connotation péjorative en France liée aux années sombres de la collaboration française avec les nazis. Milice et Gestapo hier, milices et Sécurité militaire aujourd'hui, le parallèle est ignoble et grotesque à la fois. Mais qu'importe, c'est ce qu'il fallait suggérer. Tout le monde dénonce donc une armée qui «quadrille le pays», qui «étouffe la population» et qui ne fonctionne qu'à l'«argument sécuritaire», au point que le spécialiste de l'Algérie — Stora en l'occurrence — s'émeut « des ratissages très durs contre les maquis islamistes en 1992[36] ». La répression a été telle, dit-il, que « ce qu'on appelle les terroristes ne sont plus une menace pour le pouvoir ». Mais ne voilà-t-il pas que, fin août 1997, « la société militarisée » est à nouveau piégée par un commando du GIA qui perpètre le carnage de Raïs. Que se passe-t-il alors ? Naturellement, tous les médias se bousculent pour s'arracher Stora. Que dit-il après le drame ? Eh bien, il dénonce l'armée qui n'assure pas la sécurité des populations ! Il se fait le porte-parole des Algériens : « Les Algériens exigent une sécurité plus forte, ils se plaignent de l'éloignement de l'État, ils veulent que l'État intervienne plus activement pour leur défense. » Après ce massacre, dans un éditorial intitulé « L'horreur et l'invraisemblable », *Le Monde* proteste aussi et exige : « Il faut demander des comptes sur ces défaillances aberrantes à un régime algérien pourtant tout entier tourné, depuis des années, vers des préoccupations sécuritaires[37]. » Le quotidien du soir est pourtant de ceux qui ont appelé le gouvernement français à suspendre les ventes de matériel militaire adapté à la lutte antiterroriste en Algérie. Il est inutile de préciser que personne n'attend les résultats de l'enquête pour se prononcer. Or, cette enquête a révélé que la population de Raïs avait refusé de s'armer. Après les carnages de Raïs et de Bentalha (août, septembre 1997), l'armée est accusée de complicité avec le GIA et même de participation directe à la boucherie. Yves Dupuy saisit l'occasion pour pointer les « barbouzeries sanguinaires des divers services algériens[38] ». On ne dira quasiment rien des patriotes et des gendarmes qui ont sauté sur les mines posées par les assaillants à Bentalha, ni de l'accrochage de l'armée avec un détachement du GIA qui revendique tous les massacres.

Quand on examine le discours des intellectuels sur le rôle de l'institution militaire algérienne et de l'armée française dans leur société respective, on est frappé par le caractère divergent des sentiments nourris pour l'une et l'autre : la sympathie et la considération pour la seconde n'ont d'égal que le mépris et l'aversion obsessionnelle pour la première. André Glucksmann, par exemple, qui se défend, dit-il, « de simplifier la situation en Algérie ou de plaquer dessus des schémas préétablis », n'en rabâche pas moins, de façon presque instinctive, le stéréotype du pouvoir militaire dictatorial[39]. Quand il aborde les questions de défense de son pays, l'intellectuel Glucksmann se garde pourtant de toute présentation caricaturale, comme ce fut le cas lors du débat sur la réforme de la défense française initiée par Jacques Chirac en février 1996. Auditionné par le Sénat, en tant que « représentant des intellectuels » mettant ses compétences au service de la nation, Glucksmann étale tout à la fois l'estime infinie qu'il porte à l'institution militaire de son pays, l'étendue de son attachement à un système de défense français moderne, adapté à la nouvelle donne géopolitique et son souci de l'anticipation stratégique sur ce que devrait être l'armée française à l'horizon 2040. L'auditoire ne sera pas surpris de l'érudition de l'auteur de *Discours sur la guerre* qui prend soin de rappeler son entrée au CNRS patronnée par Raymond Aron, qui lui disait alors : « Nous serons deux dans l'université à avoir lu Clausewitz. » Invitant les « sages » à ne pas être « victimes de vérités événementielles journalistiques », Glucksmann soutient que l'on peut « réfléchir sur la guerre de façon objective, non partisane et se mettre d'accord, qu'on soit de gauche ou de droite ». Pour faire face au terrorisme de manière efficace, Glucksmann rappelle qu'il « est juste de prévoir » une adaptation de l'armée à ce « phénomène nouveau de guerre ». Pour relever les nouveaux défis, il conseille de traduire en actes la pensée du « rebelle du 18 juin 1940 » et soutient en le citant : « Aujourd'hui, tout comme le constatait le général de Gaulle en 1932, nous devons non pas conserver l'armée de nos habitudes, mais construire l'armée de nos besoins, une armée moderne ». Adepte des pressions économiques et diplomatiques en cas de crise, Glucksmann se montre également partisan d'« interventions sur les lieux de combat » : « Nous serons quelquefois, rarement je l'espère, contraints à des interventions appelées projections, même militaires, elles vont dans le sens de la situation globale de la planète. Elles ont une nécessité morale et une nécessité sécuritaire, et elles ne sont pas opposées. »

L'unanimité qui prévaut au sein de l'Hexagone sur le « couple indissociable que constituent la défense et la société » est frappante. Représentants de la société civile, classe politique et hommes des cultes insistent sur le rôle décisif joué par l'armée dans le renforcement de la cohésion nationale, à l'image d'Alain Juppé qui pense « absolument indispensable de revitaliser et maintenir le lien entre la défense et la nation (…) constitutif du pacte républicain [40] ». Le Parti socialiste, attaché à l'implication de l'armée et de ses réserves « dans la nécessaire prise en compte des dangers intérieurs (terrorisme, mafia, drogue) », se félicite de la place des militaires dans Vigipirate et rappelle que l'armée, plus longtemps que l'école, « s'est efforcée de maintenir le respect de certaines valeurs que la société civile commençait à perdre de vue [41] ». Se réclamant de Lyautey et du « rôle social de l'officier », « cette fonction de lien, de ciment national assumée par l'armée », le PS conclut que le lien armée-nation sera «plus nécessaire, plus précieux que jamais» au XXIᵉ siècle. Le groupe communiste développe le même point de vue sur l'apport du service national, cet «indispensable outil de cohésion nationale (...) qu'il convient de réformer en profondeur pour (...) aboutir à un service militaire rénové (...) utile aux jeunes Français comme à la sécurité du pays, assurant comme l'école la promotion des valeurs républicaines». L'historien Raoul Girardet résume l'apport de l'armée, jusqu'à une époque très récente, dans la cohésion sociale et l'initiation à la modernité : «Il faut se souvenir du rôle joué par le service militaire, de la fin du XIXᵉ siècle au début du XXᵉ siècle, en tant qu'élément de transformation de la population rurale, d'unification et de cohésion de la société française. Indiscutablement, le service national a joué, dans l'histoire sociale et l'histoire des mutations de la société française, un rôle fondamental, un rôle d'unification, d'accession à la modernité [42]. » Dans les périodes de troubles, observe le colonel de Corta, l'armée «fut souvent l'unique force structurée permettant de préserver ou de reconstruire la communauté de destin unissant les Français [43] ». Ainsi, dans la France de 1997, les valeurs attribuées à l'armée n'ont pas pris une ride et l'écho répond toujours à l'appel lancé par Saint-Just : «L'unité de la République exige l'unité de l'armée; la patrie n'a qu'un cœur ! »

Nous sommes aux antipodes des propos de l'Algérien qui a pris son bâton de pèlerin pour «alerter l'opinion internationale» sur l'armée «qui a pourri le pays» et qui «est responsable du désastre qu'a connu l'Algérie [44] ». Aït-Ahmed, on l'aura deviné, ne manque pas une occasion de rabâcher qu'il «ne connaît pas un général laïc et démocrate», que cette armée «est le lieu du silence.

La sécurité militaire y veille » et qu'à « la tête de l'armée, il n'y a que des clans. Ils se disputent la rente[45] ».

La rancœur, l'aigreur et la bouffonnerie n'aideront pas à faire avancer la réflexion sur le rôle des militaires dans la politique. C'est une question centrale, écrit Jerzy J. Wiart, c'est « un domaine où les recherches théoriques novatrices s'imposent d'autant plus que la question de la neutralité de l'armée est une gigantesque fiction[46] ».

Il y a quelques décennies à peine, dans certains pays occidentaux et dans des démocraties établies de longue date, l'armée s'impliquait directement dans la vie politique et était même l'acteur déterminant. Il suffit de rappeler l'intervention de l'armée en France en 1958 et en 1961 et le poids déterminant des officiers portugais lors de la Révolution des œillets dans la chute de la dictature Salazar.

On se demande comment un homme politique, qui a été candidat aux élections présidentielles en 1995 en Algérie, peut aujourd'hui encore raconter des inepties du genre : « Ce ne sont pas les institutions civiles ou militaires, ou ce qu'il en reste, qui font que l'Algérie est encore debout[47]. » Comment peut-il dire dans le même entretien : « Je n'ai jamais cru à l'idée d'une république islamique en Algérie » et ajouter avec une belle assurance : « Je m'engage sur ce point » ? Est-ce sérieux d'affirmer cela après l'issue miraculeuse de janvier 1992 ? Avait-il oublié qu'au lendemain de la déroute de son parti aux élections de décembre 1992, il déclarait qu'il ne reconnaissait pas son peuple et appelait de tous ses vœux l'intervention de l'institution militaire pour sauver le pays d'un régime islamiste totalitaire ? À qui peut-il faire croire que ces « anticorps politiques et culturels qu'a produits la société[48] », desquels il exclut les forces présentes dans ces institutions, pouvaient et peuvent à eux seuls résister à la vague islamiste et terroriste?

Pour certains analystes, l'armée algérienne prise en bloc, en tant qu'institution, n'avait qu'un seul souci en stoppant l'arrivée du FIS au pouvoir et en influant sur le système politique : «se maintenir au pouvoir et sauver ses intérêts égoïstes». Si ce mobile a pu guider le choix de quelques officiers, le sens profond de l'action de l'armée ne s'en trouve pas pour autant dénaturé. La fonction sociétale de l'institution militaire algérienne a consisté fondamentalement en son opposition résolue à la liquidation de la nature républicaine de l'État.

Dans sa lutte contre la folie meurtrière du terrorisme islamiste, dans sa quête de la paix civile, payant, comme des milliers d'Algériens, le prix fort pour préserver le pays du chaos, les militaires et les forces de l'ordre d'une manière générale n'ont sans doute pas été à l'abri d'erreurs et autres bavures. Il est toutefois une évidence que nul ne peut contester : c'est l'intervention de l'armée qui a permis d'éviter la guerre civile et l'effondrement de l'État. La preuve que le pudding existe est qu'on le mange. L'État est toujours debout*.

Au lieu de poser les questions de fond sur les raisons de l'engagement de l'armée algérienne dans la vie politique, certains démocrates et la presse française se régalent du stéréotype éculé selon lequel toute implication des militaires dans la politique est un acte purement pathologique.

---

* Il faut probablement s'attendre à une rectification des positions des puissances occidentales vis-à-vis de l'État algérien et de sa lutte contre le terrorisme depuis le changement d'attitude opéré par les États-Unis en septembre 1997 (voir note p. 217-219).

Si dans les démocraties occidentales, plus stables et plus riches, le rôle de l'armée est atténué, moins voyant même si les militaires continuent d'exercer une forte influence sur la vie politique, en Algérie, les militaires ont joué — depuis la guerre d'indépendance — et joueront probablement un rôle central pour garantir la stabilité et la permanence des institutions républicaines.

Lorsque l'on mesure le degré de barbarie des fanatiques islamistes et la pression terrible qui pèse sur l'institution militaire, on est tenté de répondre aux déçus invétérés, aux paternalistes impénitents, aux politiciens éternellement aigris et aux antimilitaristes primaires par une boutade. À la manière de Mgr Dubost, directeur de l'aumônerie militaire catholique des armées françaises, qui, lors d'une audition au Sénat, déclarait : « L'armée n'est pas une équipe de football qui doit faire de bonnes prestations. »

La fable de la sentinelle
des hydrocarbures

Parmi les mythes les plus répandus par les analystes étrangers et notamment français sur la crise algérienne et la stratégie et la tactique du terrorisme islamiste en particulier figure l'idée que le secteur des hydrocarbures constituerait un domaine d'activité mis par les groupes intégristes armés et par le pouvoir, d'un commun accord, à l'abri de toute violence. Fin août 1997, A. Schwartzbrod serinait la légende dans *Libération* : « Personne n'a donc intérêt à dynamiter la richesse essentielle du pays. Ni le gouvernement (…) ni les islamistes, qui ne désespèrent pas d'arriver au pouvoir et n'entendent pas détruire cet outil de travail potentiel. Le système est totalement huilé [1]. » Il est donc entendu que la guerre sans merci que se livrent ces deux parties doit impérativement épargner la rente dont aucun vainqueur ne peut se passer.

Depuis des années, il est dit aussi que les terroristes, par une politique de sagesse, évitent soigneusement de s'attaquer aux hydrocarbures et à la Sonatrach pour ne pas risquer de toucher aux intérêts des compagnies étrangères associées à la société nationale algérienne dans l'exploitation pétrolière ou dans celle des gisements d'huile et de gaz déjà découverts. Selon les spé-

cialistes, cette attitude de bon sens s'explique de surcroît par le réalisme des terroristes qui craignent les
représailles des puissances occidentales dont les compagnies sont originaires.

Enfin, sans se soucier des contradictions que véhicu-
lent leurs discours, ces mêmes experts assènent des vérités premières telle celle qui accrédite la thèse que le pouvoir et son armée délaissent le nord du pays et ses
populations pour concentrer toutes les forces et les
moyens de sécurité au sud, dans le Sahara, afin de protéger les gisements d'or noir.

En somme, il s'agit de mettre le pouvoir d'État systématiquement en accusation, quelle que soit la politique qu'il met en œuvre. Lorsqu'il prend des mesures
pour assurer le fonctionnement des installations et des
infrastructures économiques et l'activité des hommes, il
lui est reproché de le faire au détriment de la population. Quand les actes terroristes sèment la mort et les
destructions, il est blâmé pour ne pas avoir réuni les
conditions nécessaires à la protection des personnes et
des biens.

Depuis la généralisation du terrorisme islamiste,
quelles ont été les positions des compagnies pétrolières
internationales vis-à-vis de l'Algérie? Depuis plus d'un
siècle, on sait que ces entreprises ont toujours poursuivi
leurs activités en milieu à risque politique et sécuritaire.
Ce qui les caractérise, d'ailleurs, c'est le fait qu'elles ont
pu se développer largement dans ce type de conjoncture. Elf en Angola, Total au Yémen et BP en Colombie
suffisent à démontrer que l'attrait de l'or noir est plus
puissant que les frayeurs d'une guerre civile, d'un conflit
tribal ou d'une guérilla révolutionnaire. Des situations
que ces trois sociétés ne connaissent pas en Algérie.

Dans un article intitulé « Algérie, l'oasis forteresse de

l'or noir : Hassi Messaoud et son trésor pétrolier sous haute surveillance», l'envoyé spécial de *Libération* en reportage dans le Sahara algérien, écrit : «On ne badine pas avec les impératifs sécuritaires à Hassi Messaoud.» Il rapporte que les accès de cette région «sont sévèrement contrôlés. Ne sont autorisés à pénétrer dans cette zone d'exclusion que les personnes dûment autorisées, munies de laissez-passer. (...) Les étrangers sont obligatoirement badgés et accompagnés dans leurs déplacements par une escorte armée. Rien d'étonnant à ce que les groupes islamistes armés n'aient jamais réussi la moindre opération dans cette région[2]». Une évidence que bon nombre de ses confrères et autres experts de l'Algérie auraient gagné à partager ces dernières années. Au nom, au moins, de la déontologie du métier. Car ce sont précisément les mesures de protection instaurées progressivement autour du secteur des hydrocarbures qui ont fini par dissuader les terroristes de s'y attaquer alors que, contrairement à la fable qui nous conte leur souci de préserver la rente, ils s'y sont essayés. Quelques faits pour rappel.

Dès 1990, le mouvement islamiste met en œuvre son projet de contrôle des installations de gaz et de pétrole en créant les premiers noyaux de contrôle transformés rapidement en ligues islamiques du travail coiffées aussitôt par le Syndicat islamique du travail (SIT).

La grève insurrectionnelle déclenchée par le FIS en mai 1991 constitue le premier test et c'est sur le gisement gazier géant de Hassi R'Mel que le mouvement islamiste dévoile ses capacités de quadrillage du secteur. Son entreprise de blocage de la production et de l'expédition de gaz échoue et plusieurs dizaines d'ingénieurs et de techniciens de la Sonatrach impliqués dans cette opération sont licenciés. Le potentiel de subversion intégriste au sein du secteur des hydrocarbures est considérablement affaibli une année plus tard, en 1992, lors de l'instauration de l'état d'urgence. Des dizaines de militants islamistes employés dans le secteur des hydrocarbures sont placés en internement administratif en raison de leur implication dans le mouvement de désobéissance civile lancé par le FIS.

Contrairement aux idées reçues, le terrorisme n'épargne donc pas le secteur des hydrocarbures. Lorsqu'il décide de cibler les ressortissants étrangers, il s'attaque à ceux qui travaillent sur les chantiers de la Sonatrach. En 1993, c'est un Britannique employé par la compagnie américaine Kellog sur le complexe gazier d'Arzew, à 40 km à l'ouest d'Oran, qui est assassiné. En 1994, quatre ressortissants russes et un roumain salariés de la division exploration de la Sonatrach à Alger sont à leur tour victimes d'un assassinat terroriste. Ce crime avait été précédé par l'assassinat de quatre autres étrangers opérant dans le secteur : trois techniciens sud-américains de la compagnie italienne Sadelmi qui intervenaient sur un pipeline dans les environs de Tiaret et un ressortissant français, travaillant pour le compte de la compagnie française Schlumberger, sur une plate-forme de forage près de Khenchela à l'est du pays.

En février 1996, le terrorisme islamiste ne fait plus mystère de ses visées sur les compagnies étrangères associées à la Sonatrach et du même coup à l'égard de la compagnie nationale algérienne. L'émir à la tête du GIA publie un communiqué dans lequel il menace de mort tous les salariés qui poursuivraient leurs activités dans le secteur des hydrocarbures. La menace est rapidement mise à exécution. Une quinzaine de cadres et d'ouvriers de la Sonatrach sont assassinés à leur domicile dans les quartiers chauds d'Alger ou encore surpris par de faux barrages dont le plus meurtrier est celui qui a été dressé, le 8 novembre 1996, sur la route de Hassi R'Mel et qui a fait de nombreuses victimes parmi lesquelles des ingénieurs et des techniciens de la Sonatrach. Durant toute cette période, les groupes terroristes ont tenté plusieurs opérations contre les infrastructures de transport tels les oléoducs, gazoducs et les différents postes de relais.

Les pipe-lines qui acheminent le pétrole et le gaz vers Alger ont été sablés des dizaines de fois et les dégâts causés auraient pu être plus importants, suffisamment en tout cas pour que les attentats aient l'impact médiatique national et international recherché. Cela a été évité grâce au dispositif de sécurité mis en place ces dernières années, lequel combine les moyens de l'armée, des sociétés privées de gardiennage et des groupes de patriotes dont le plus important est dirigé par le cheikh El Mokhfi[3] dans la région de Bouira, Lakhdaria et les montagnes de Zbarbar, c'est-à-dire dans la zone de transit des pipe-lines vers la capitale. Les tentatives de destruction des oléoducs et gazoducs qui relient des champs du sud à la côte algéroise sont souvent accompagnées d'actions armées contre les wagons citernes des trains qui alimentent les centrales électriques en fioul. Ces opérations fréquentes de sabotage visent l'isolement énergétique de la capitale algérienne. Il s'agit de priver Alger d'alimentation électrique de manière à la couper du reste du pays et du monde. Il faut rappeler que tel était le but avoué, reconnu par ses auteurs, de l'attentat à la bombe contre l'aéroport d'Alger à l'automne 1992.

Au bout du compte, les hydrocarbures n'ont jamais été délibérément «épargnés» par le terrorisme islamiste. Ce secteur stratégique a été régulièrement ciblé à travers ses hommes et ses installations et, au-delà, il a été placé au centre d'une démarche plus globale visant à l'effondrement de l'État algérien, faute d'avoir pu le conquérir.

La presse et les milieux qui ont vu ou bien voulu voir, là où il y avait une impuissance manifeste du terrorisme, une preuve de l'intelligence tactique de ses chefs politiques et de ses commanditaires, se sont trompés et du même coup ont leurré l'opinion et parfois les centres de décision économique et politique de leur pays. Assurément, ils ont porté préjudice aux intérêts de leur compatriotes et de la France.

À ce propos, l'envoyé spécial du *Figaro*, Thierry Oberlé, en déplacement en 1997 à Hassi R'Mel, établissait le constat suivant : « Rivés sur leur ordinateur, les techniciens de la Canadian Company sont déjà sur place. Leur firme est l'une des nombreuses sociétés anglo-saxonnes qui ont signé récemment des accords avec la Sonatrach. British Petroleum s'est arrogé la part du lion en investissant 15 milliards de francs dans l'exploitation des gisements de la région de In Salah. Les Italiens d'Agip se sont engouffrés dans la brèche. Les Français sont réduits à la portion congrue (...). En privé, les officiels s'étonnent de la frilosité des entrepreneurs français[4]. »

En mai 1997, face au reporter de *Libération*, Hugues Henri, directeur de chantier de Sofregaz (filiale de Gaz de France) à Hassi Messaoud où il était installé depuis neuf mois, exprimait ses déboires et sa déception sur « les difficultés rencontrées pour recruter le personnel français pour l'Algérie. Pourtant, assure-t-il, le secteur est totalement quadrillé, on y vit en complète autarcie, bien logé, bien nourri et encore plus protégé que les autres, parce que nos entreprises le demandent[5] ».

Souvent ces demandes légitimes de protection ont

pris systématiquement des allures d'exigences démesurées par rapport aux risques réels ; l'exemple le plus flagrant a été fourni par Sofregaz dans la ville côtière de Skikda. Appliquant la politique de Gaz de France, lui-même aligné sur celle de l'État français, Sofregaz a exigé que son personnel soit acheminé quotidiennement par voie aérienne jusqu'à Tabarka, en Tunisie, puis qu'il rallie Skikda par hélicoptère. Longtemps donc, la zone industrielle de cette petite ville côtière de l'Est algérien, connue sous le nom de Philippeville durant la période coloniale, a vécu au rythme de la noria des hélicoptères qui ramenaient la relève de Sofregaz. Bien entendu, la sécurité n'a pas de prix et une seule victime du terrorisme est une victime de trop. Les Algériens s'interrogent toutefois sur la signification réelle de ces exigences démesurées, exclusives des seules sociétés françaises, qui grèvent lourdement les coûts des projets industriels algériens. Si l'opinion française conserve à l'esprit ce que le vieil État français débourse[6] pour le plan Vigipirate — pour faire face à un seul groupuscule terroriste —, elle peut se faire peut-être une idée des ressources financières engagées par le jeune État algérien sur tout le territoire.

À propos des problèmes rencontrés avec les entreprises françaises, *Libération* poursuit : « Les responsables de la Sonatrach enragent contre une telle frilosité : "Les Français sont impossibles. Si on cherche d'autres partenaires ils font la gueule. Mais, quand on signe avec eux... ils n'ont trouvé qu'un seul volontaire et il est en vacances. Pendant ce temps on devrait rester les bras croisés[7]..." »

De la lecture des relations que la France veut établir avec l'Algérie, peut-on dire que le terrorisme est le seul facteur qui fasse l'effet d'un prisme ?

Le saut dans la modernité

Au lendemain des émeutes sanglantes d'octobre 1988, dans un pays politiquement figé par le régime étouffant et obsolète du parti unique, « ceux qui sont en haut » ne peuvent plus désormais gouverner et « ceux qui sont en bas » ne veulent plus vivre à l'ancienne mode. Dans ce contexte quasi révolutionnaire, l'Algérie découvre que son plus haut magistrat veut imiter le célèbre sculpteur et roi de Chypre, dont il ignore la légende du reste. Comme Pygmalion qui rêve d'une femme semblable à la statue dont il est amoureux et qui implore la déesse Aphrodite d'exaucer son vœu, Chadli veut quant à lui trouver le moyen de rentrer dans l'Histoire afin d'effacer de la mémoire du peuple sa « décennie noire ». Saisi de démangeaisons soudaines pour le pluralisme et du désir irrépressible d'ouvrir l'Algérie aux vents du grand large de la démocratie, il demande au peuple souverain de voter la loi qui comble son envie. Comme Aphrodite qui satisfait le souhait du roi en donnant vie à la statue qui devient la belle Galatée, le peuple algérien accède aux soudaines pulsions démocratiques de son Président en plébiscitant la Constitution qui consacre le multipartisme. Mais, tandis que Pygmalion épouse Galatée qui lui donne un fils, Chadli viole la Constitution qui enfante le FIS.

Au lieu d'accoucher de la démocratie, octobre 1988 fraye la voie à un mouvement de société puissant, contradictoire, brutal et manipulable à souhait. En transgressant les dispositions de la Constitution, Chadli ouvre une formidable béance dans laquelle s'engouffre promptement l'islamisme qui se dote de l'instrument politique légal, dont il était privé jusqu'alors, qui permet son couronnement et son renforcement croissant. La société algérienne bascule subitement dans des affrontements ouverts puis sanglants qui la fracturent davantage. La trajectoire que suit le pays, après l'enterrement devenu inévitable du parti unique et l'émergence d'un multipartisme débridé, confirme les craintes formulées par Giovanni Sartori à propos des conséquences immédiates de l'écroulement des régimes des pays de l'Est. Le sociologue américain souligne que lorsqu'on sort d'un régime, « on n'entre pas *ipso facto* dans un nouveau régime. Cette sortie peut être un simple glissement jusqu'à l'effondrement et au chaos [1] ».

L'histoire récente de l'Algérie aura montré qu'un pays sortant du sous-développement, ancré à des degrés divers dans l'économie mondiale et parvenu à un certain stade de développement matériel n'est pas à l'abri de régressions sociales et politiques. Faute d'avoir atteint un niveau suffisant de densification sociale, d'homogénéité et de cohésion sur des questions politiques essentielles, toute société risque de faire marche arrière et de se retrouver dans une situation qui peut lui être fatale. En 1991, les convulsions tragiques qui ont ébranlé la société algérienne, et qui l'agitent encore, ont failli non pas ramener le pays au système antérieur du parti unique mais le plonger dans un régime sanglant.

On peut considérer que la crise algérienne est la manifestation explosive de l'antagonisme entre deux projets d'État et de société, c'est-à-dire deux sociétés virtuelles ou encore deux sociétés qui demeurent à l'état de projet : théocratie islamiste d'une part, dont le terrorisme est l'expression exacerbée, et République moderne d'autre part. Bien entendu, le tableau réel est beaucoup plus riche, plus complexe et l'analyse devrait donc être infiniment plus nuancée, ne serait-ce qu'en raison des rapports diversifiés qu'entretiennent les forces qui se reconnaissent dans chacun des projets de société. Mais le fait que celles-ci s'entrelacent et s'interpénètrent dans nombre de domaines, dans la vie de tous les jours et jusqu'au sein d'une même famille, ne modifie nullement la tendance générale qui est objectivement à l'affrontement des deux projets. Cette représentation permet de discerner la nature et la dynamique de l'antagonisme entre le projet de société théocratique, cristallisé par le FIS qui en est l'incarnation radicale, et le projet de société moderne, désincarné en raison, notamment, de l'atomisation du potentiel civil républicain et démocratique qu'une nuée de pseudo-partis politiques prétend représenter.

Limiter l'émergence de l'islamisme politique et la crise algérienne à des considérations socioéconomiques ou à la gabegie des pouvoirs comme cela est courant revient à rendre totalement inintelligible un phénomène d'essence politico-idéologique. Les arguments exclusifs tels que « les méfaits du dirigisme économique », « la corruption », « les luttes de clans au sein du pouvoir », invoqués ici et là pour expliquer la montée de l'intégrisme appauvrissent et occultent la dimension historique de la crise. La démarche qui consiste ensuite à vouloir réduire et/ou à éliminer l'islamisme politique par des transformations strictement socioéconomiques constitue, à la fois, une inquiétante sous-estimation de la subjectivité humaine et une surestimation démesurée des changements matériels en tant que moyen et voie susceptibles d'aplanir ou de supprimer des chocs qui, foncièrement, relèvent de la sphère du subjectif. C'est verser dans l'absurdité de l'économocratie et donc nier que, non pas sur le long terme mais dans des situations historiques concrètes bien déterminées, c'est toujours la conscience en action, c'est toujours la dynamique des peuples et de leurs élites qui font le cours de l'Histoire. Dans les périodes de crise ou les tournants de l'Histoire, c'est constamment le subjectif qui prime l'être matériel, ce qui ne contredit nullement la fameuse idée : « L'être des hommes n'est que le processus de leur vie réelle. » L'impact des transformations matérielles sur l'évolution des consciences est incontestable sur le long terme, et dans des contextes politiques stables l'économique est déterminant « en dernière instance » pour expliquer tel ou tel phénomène. Cela dit, tout projet économique, social ou culturel, si parfait et généreux soit-il, est fatalement voué à l'échec si l'on fait l'impasse sur le « concentré de l'économie », c'est-à-dire sur le politique.

C'est, précisément, dans ce travers que sont tombés depuis 1989 plusieurs gouvernements algériens, les réformateurs FLN en tête, dont la volonté de mener les changements économiques et sociaux — dans leur principe justes — a abouti à des fiascos retentissants occasionnés par une approche technocratique des problèmes du pays et une politique de l'autruche désastreuse. Alors qu'au cœur de chacun des problèmes que la société avait à résoudre — entreprise, école, université, réforme des institutions, démographie, famille — s'aiguisait la contradiction principale entre les forces qui poussent vers le progrès et celles qui tirent vers plus d'arriération, alors qu'au plan général l'antagonisme entre ces forces atteignait son point culminant, alors que le traitement de l'islamisme politique devenait urgent, les gouvernements n'ont fait qu'esquiver le conflit. Ce faisant, ils ont aggravé la situation et ont ouvert fatalement la voie au pourrissement, lequel a conduit au coup de tonnerre de décembre 1991 et aux déflagrations que l'on connaît.

Imputer la crise aux «avatars d'un type de modernisation», que beaucoup d'observateurs attribuent aux choix du Président Boumediene, est tout aussi discutable car les modernisations que d'aucuns voudraient pures, harmonieuses et idéales ne sont qu'une vue de l'esprit. Ont-elles jamais existé dans l'histoire des sociétés ?

Révolutionnaire et progressiste[2] à la fois, tout processus de modernisation provoque forcément des souffrances, des coûts sociaux, des traumatismes. Implacable, il implique une rupture totale dans les modes de vie, détruit les anciens liens d'appartenance, d'enracinement et de solidarités communautaires surannés.

Laissée dans un état exsangue par le sous-développement, une guerre impitoyable et destructrice de huit ans et l'hystérie barbare de la « terre brûlée » menée par l'organisation fasciste OAS, l'Algérie s'est retrouvée devant l'impératif de se préserver d'une destruction totale. Pour éviter le chaos, elle a engagé avec une vitalité et une rapidité exceptionnelles un immense effort de modernisation. Les mutations et les bouleversements qui en résultèrent, en trois décennies seulement, ont été colossaux comparés aux transformations vécues et digérées par l'Occident en plusieurs siècles. Les composantes du processus de modernisation engagé en Algérie depuis 1962 tels l'industrialisation, l'exode rural, l'ur-

62/

banisation accélérée, la foudroyante mobilité sociale, l'électrification totale du pays, la scolarisation générale, l'expansion et la pénétration des médias et des moyens de communication dans tous les foyers, sont autant de facteurs qui ont bouleversé profondément les modes de vie et de pensée.

Révolutionnaire par la portée des bouleversements qu'elle imprime à la société, la modernisation est aussi un processus lent, « évolutionnaire », dans le sens où elle exige des délais pour que les mutations induites parviennent à terme. Pour que, dans leur totalité, les changements matériels prennent corps dans les mentalités et l'ensemble du tissu social, il faut nécessairement du temps : les effets des transformations menées au pas de charge par Atatürk constituent en ce sens un exemple édifiant. Les élections municipales qui ont porté les islamistes à la tête des villes d'Istanbul et d'Ankara puis les législatives qui ont propulsé le Rafah au gouvernement sont significatives des résistances à l'œuvre engagée et montrent le chemin qui reste à parcourir dans une société où l'institution militaire demeure pour le moment le garant principal du caractère laïc et républicain de l'État. En 1997, la Turquie n'a donc pas encore réalisé l'un des principaux objectifs que s'était assigné Atatürk en 1922, la citoyenneté, autrement dit l'émergence de l'individu libre et rationnel au sein d'une communauté rénovée, une citoyenneté qui se réalise dans une société civile contractuelle et pluraliste et s'affirme dans un espace culturel structuré par la raison et la science et non par le fanatisme religieux[3]. Qui plus est, « le saut dans la modernité est une expérience douloureuse[4] ». De ce point de vue, même la société iranienne dont l'identité n'a pas subi comme en Algérie les chocs de la colonisation n'est pas parvenue à s'adapter au rythme frénétique des changements induits par la « Révolution blanche ». D'ailleurs, les sociétés les plus développées ne sont pas elles-mêmes à l'abri de ces angoisses du nouveau. En 1992, Mitterrand reconnaissait les inquiétudes que charrient les transformations en Occident en déclarant : « L'Europe cristallise, à tort, beaucoup de peur : peur du changement, de la modernisation, de l'ouverture au monde et aux autres [5]. » Ce qu'il refuse pourtant au tiers monde.

De surcroît, dans le cas de l'Algérie, on n'a pas fini de prendre toute la mesure des multiples répercussions du choc démographique qui a accompagné ce processus de modernisation quand on sait que l'arrivée de chaque génération est quasiment analogue à une invasion de « barbares » comme disent les sociologues. Barbares à qui il convient de fixer et d'inculquer les codes sociaux qui commandent une communauté humaine. La perpétuation et l'équilibre de la société sont largement conditionnés par l'adaptation des individus — forcée ou non, dès la naissance — à des valeurs, à des comportements, à une culture, c'est-à-dire à un « code commun » dont l'apprentissage et la pratique fondent tout processus de socialisation dans une société déterminée. Le sociologue Bourdieu — qui s'est désespérément fourvoyé sur la crise algérienne en optant pour le « ninisme » — a mis en évidence, avec Passeron, la force de la contrainte sociale qui s'exerce, à différents niveaux de la vie de la personne, pour intégrer l'individu, en lui inculquant le langage et les valeurs établies propres à son environnement sociétal. Cela suppose évidemment l'existence d'un État disposant d'une puissante capacité structurante. Or le jeune État algérien a eu les plus grandes difficultés à digérer la secousse démographique inouïe qui s'est traduite par l'apparition de ce qu'on pourrait appeler « deux nouveaux peuples ». En moins de trois décennies, la population algérienne est passée de neuf millions à près de vingt-huit millions de personnes alors qu'en France, par exemple, la population a doublé en... deux siècles, passant de vingt-cinq millions au XVIIIe siècle à cinquante millions au milieu du XXe, apport migratoire compris. Dans tous les domaines, notamment l'éducation, cette croissance démographique a induit des exigences colossales difficilement supportables, sans parler du logement puisque, en 1997, dans la tranche d'âge des 25-29 ans, 883 000 célibataires sont en attente de mariage[6].

Les faiblesses normales des jeunes institutions de l'État mais surtout les défaillances accumulées sous le pouvoir de Chadli, justement qualifié de « décennie noire », les manipulations du discours religieux et l'absence ou la perte de l'ancrage des valeurs républicaines ont participé au dévoiement d'une jeunesse déboussolée et jetée en pâture à l'intégrisme islamiste. Les effets dévastateurs de la propagande obscurantiste persistaient en 1993 alors que l'État s'épuisait dans la lutte antiterroriste. L'école dispensait encore un enseignement totalement acquis à l'islamisme, comme l'indiquait un quotidien algérien[7] qui livrait à ses lecteurs des extraits d'un cours d'éducation religieuse relevés sur le cahier de classe d'un lycéen de la banlieue d'Alger. Dans la leçon portant sur le mariage, on relevait : « La femme ne doit jamais se marier de sa propre initiative et celle qui entreprend de le faire doit être considérée comme une prostituée. » À propos du rôle de l'époux, le cours indiquait : « Le mari a le droit d'éduquer sa ou ses femmes. Celle qui désobéit à son mari doit être rééduquée par la réprimande, la séparation ou en la battant. » Cet endoctrinement est largement favorisé par les programmes d'un ministère de l'Éducation nationale en décalage total avec les avancées indéniables et palpables de la société sur la question de la femme.

Le pays a fini par payer chèrement le recours aux artifices, aux déformations et aux mensonges historiques inculqués dès l'école. À partir de 1980, l'État s'est montré dans l'incapacité totale de garantir la stabilité verticale entre les générations et de concevoir une stabilité horizontale entre les intérêts des différents groupes sociaux afin d'asseoir un minimum de consensus social. Ce problème du consensus, dont la solution est aujourd'hui relativement aisée dans les vieilles démocraties, s'est posé avec acuité et n'a pu trouver de solution satisfaisante en Algérie du fait, précisément, d'un déficit de consensus politique sur les questions fondamentales du type d'État et de société à construire comme cela est apparu de façon éclatante lors des élections législatives de décembre 1991.

Ainsi, en libérant l'individu de ses attaches traditionnelles, sans lui offrir rapidement le cadre normatif d'intégration collective, les chocs consécutifs au processus de modernisation de l'Algérie post-indépendante ont fatalement entraîné un mouvement de repli d'une partie de la société. Comme le remarque Norberto Lechner : « Le fondamentalisme est une des réactions de défense face à la progression de la modernisation qui, en balayant les structures et les croyances traditionnelles, réduit à néant toutes les certitudes. Il est tentant dès lors de se raccrocher à une vérité qui, soustraite à la raison humaine, offre un point d'ancrage au milieu de la tourmente[8]. » À la recherche vaine d'un communautarisme en perdition, pourrait-on ajouter. Dans *Terre Patrie*, certains aspects de cette contre-tendance de fin de siècle sont résumés de façon saisissante par Edgar

Morin. « La crise du futur, écrit-il, détermine un gigantesque reflux vers le passé, et cela d'autant plus que le présent est misérable, angoissé, malheureux. Le passé, qui avait été ruiné par le futur, ressuscite de la ruine du futur. D'où ce formidable et multiforme mouvement de ressourcement et de retour aux fondements ethniques, nationaux, religieux, perdus ou oubliés, où surgissent les divers fondamentalismes[9]. »

En Algérie, ce repli d'une partie de la population a été kidnappé par l'islamisme politique. Le parti de l'islamisme a tiré profit de trente années de populisme, cette autre forme de défense des communautés s'arc-boutant sur un passé idéalisé et d'anciennes solidarités en perdition. Enfin, le régime de Chadli a légalisé l'islamisme en lui permettant de se doter de l'organisation politique qui lui manquait. Il a officialisé un courant politique réactionnaire, au sens premier du terme, que ni la monarchie marocaine — celle-ci est de surcroît forte d'une légitimité qui n'est pas contestée pour le moment — ni l'élite de la bourgeoisie moderniste tunisienne représentée par le Président Ben Ali n'ont toléré.

L'intégrisme est généralement entendu comme le produit de la seule histoire de l'Algérie indépendante. Ce point de vue est contestable car, d'une certaine manière, ce phénomène est aussi l'échec renouvelé de la France en Algérie. Le colonialisme a verrouillé en effet toute possibilité d'émergence d'une classe d'entrepreneurs, de cadres, d'élites modernistes algériennes et, dans une large mesure, la contre-révolution intégriste est aussi l'aboutissement, après cent trente-deux ans de présence, d'un « ratage historique » de la France en Algérie. Mais le colonialisme pouvait-il enfanter autre chose ?

L'État islamiste béni par Mitterrand

Lors de la conférence de presse qu'il donne à La Baule, en juin 1990, au journaliste qui lui demande ce qu'il pense «du danger intégriste musulman qui menace l'Algérie», François Mitterrand répond textuellement : «J'ai constaté que des élections libres avaient eu lieu en Algérie. J'ai constaté que ces élections avaient assuré le succès du Front islamique du salut. Je me suis interdit tout autre commentaire car la France ne doit pas préjuger la suite. Il ne faut pas sembler, dès le point de départ, tirer des conclusions qu'il appartient au peuple algérien de tirer lui-même. Donc je ne vous en dirai pas davantage[1].» Une semaine plus tôt, à Port-Saint-Louis, le Président de la République française n'en avait pas dit plus, sinon qu'il était hors de question que la France s'immisce dans les affaires de l'Algérie. S'il adopte scrupuleusement, dans le discours, la position de non-ingérence lorsque le FIS est en ordre de marche pour renverser la République, en revanche, en décembre 1991 il renonce à ce principe qu'il piétine souverainement.

En fait, François Mitterrand choisit très tôt son parti, comme ce 5 novembre 1954, soit quatre jours après le déclenchement de l'insurrection anticolonialiste et libé-

68/

ratrice de l'Algérie où il déclarait à la tribune de l'Assemblée nationale : « La rébellion algérienne ne peut trouver qu'une forme terminale : la guerre. » L'appui que Mitterrand ne cessera jamais d'apporter à l'alternative d'un État théocratique islamiste confirme cette « passion orgueilleuse à être fidèle en amitié » que nombre de commentateurs parisiens lui reconnaissent volontiers. De 1990 à 1995, le Président de la République française est d'une fidélité sans faille à l'islamisme politique algérien, comme il l'est à Chadli Bendjedid, contraint à la démission le 11 janvier 1992 pour faiblesse face au FIS. Mitterrand pèse de tout son poids pour que les élections législatives « contrebandières » de décembre 1991 ne soient pas annulées.

En 1991-92, alors que l'Algérie traverse une crise d'une gravité exceptionnelle, alors qu'elle est menacée par l'islamisme intégriste dans son existence même en tant qu'État-nation, François Mitterrand presse l'État algérien de mettre en application, séance tenante, la totalité des règles qui régissent le fonctionnement des pays occidentaux au prétexte de la défense des idéaux démocratiques. À la suite de la suspension du second tour du processus électoral, il s'ingère délibérément dans les affaires algériennes à coups de « il faut », qualifie la démission de Chadli de « coup de force », considère que « l'interruption du processus démocratique engagé en Algérie (…) est un acte pour le moins anormal » et prévient : « Il faut qu'au plus tôt les dirigeants algériens renouent les fils d'une vie démocratique qui s'amorçait et qui devra arriver à son terme[2]. »

Il sait pourtant parfaitement, lui qui a traversé le siècle, que l'édifice institutionnel des pays occidentaux n'a été achevé, pour les plus avancés d'entre eux, qu'au début des années 60 et que c'est à cette époque que ces nations ont opéré les transformations qui caractérisent leurs systèmes parlementaires actuels. États-nations, dont les plus avancés vivent déjà les prémisses d'un passage à d'autres formes d'organisation sociale plus évoluées et où un consensus social profond, indiscutable, existe autour des principes républicains et de valeurs démocratiques minimales. Il n'ignore pas non plus ce que le père de la Constitution de la Vᵉ République, Michel Debré, rappelait en août 1954 devant le Conseil d'État à propos de la démocratie française : « Le gouvernement, déclarait-il, a voulu rénover le régime parlementaire (…). Je serais même tenté de dire qu'il veut l'établir, car pour de nombreuses raisons, la République n'a jamais réussi à l'instaurer[3]. »

Le chef de l'État français a tenu mordicus à son projet tout en sachant pertinemment que dans les conditions de l'époque il accélérait ainsi l'arrivée d'un parti fasciste au pouvoir. En 1994, dans les colonnes du *Figaro*, Charles Rebois se démarquait nettement de ces « injonctions mitterrandiennes, qui prétendent imposer aux pays d'Afrique le modèle démocratique occidental[4] ».

À la fin de l'année 1992, dans un entretien accordé à *La Croix*, un membre du Haut Comité d'État, Ali Haroun, préoccupé par les ambiguïtés du pouvoir français vis-à-vis de l'Algérie, se demandait si Paris ne se faisait « pas désirer parce qu'il considère comme plausible l'arrivée du FIS au pouvoir en Algérie, mettant ainsi deux fers au feu[5] ». Le ministre des Affaires étrangères, Roland Dumas, ajourne sans cesse son arrivée annoncée depuis des mois à Alger, alors que les problèmes d'intérêt commun s'accumulent, notamment les « scories du passé » selon la propre expression de Dumas. Sa dernière visite remontait au 25 mai 1991, soit le jour même du déclenchement de la grève insurrectionnelle du FIS. Enfin, le Quai d'Orsay fait traîner l'accréditation du nouvel ambassadeur algérien. À la mi-août 1994, un commentateur de l'hebdomadaire *Le Point* soulignait que dans l'esprit de certains responsables français germait toujours la lancinante question : «Paris n'est-il pas en train de jouer le cheval perdant[6]?» Par ailleurs, alors que Paris exprime publiquement son attachement à la stabilité de l'Algérie, dans le même temps il régularise la situation administrative des militants de l'ex-FIS recherchés par les autorités algériennes en leur octroyant des cartes de séjour avec une facilité pour le moins surprenante. Les visas de deux hauts responsables de la tendance afghane du FIS dissous, Kamerdine Kherbane et Boudjemâa Bounoua, reconnus aujourd'hui comme chefs terroristes, sont prolongés à deux reprises[7]. Cette attitude paraît d'autant plus énigmatique que Mitterrand répète qu'il est naturellement intraitable sur la question du terrorisme. Au moment de la crise du Golfe, interrogé sur le risque d'actes terroristes sur le sol français, le Président confie : «C'est une question sérieuse et qui fait partie des éléments de guerre (…) nous sommes très vigilants sur ce terrain-là (…) nous n'avons pas l'intention de laisser le terrorisme se développer, tout en connaissant la difficulté de notre tâche. En tout cas nos services se tiennent prêts[8].» Un an plus tôt, à la question «comment le vaincre?» posée par *Paris-Match*, il répondait : «En le vidant d'utilité. En refusant tout compromis. En disposant de services de sécurité et de renseignement formés à ce type de combat. En faisant front devant l'épreuve[9].» Cette détermination à combattre le terrorisme est aux antipodes de la troublante bienveillance dont ont bénéficié de nombreux individus impliqués dans des actes terroristes en Algérie et qui ont pu se déplacer librement à l'intérieur de l'Europe munis de pièces officielles françaises. Ce que ne manquera pas de corroborer Charles Pasqua devant le Sénat : « Il y a actuellement, en France, plusieurs représentants du FIS auxquels les gouvernements précédents ont accordé le droit d'asile [10]. »

En novembre 1993, le nouveau locataire de la place Beauvau lance la première grosse opération dans les milieux intégristes. Les résultats sont édifiants et confirment l'ampleur de l'activité islamiste menée sur le sol français pour déstabiliser l'Algérie. Les interpellations, les perquisitions et les saisies opérées durant le semestre suivant « montrent l'intense activité des filières du FIS », remarque *Le Point*. L'hebdomadaire poursuit : « Chez nous, les réseaux souterrains du FIS se livrent à un rentable trafic de fourmis, tout à la fois très organisé et très cloisonné. Il permet d'alimenter les combattants intégristes en Algérie en armes, munitions, explosifs, faux documents administratifs, matériel de transmission et autres dispositifs radioélectriques propres à confectionner et déclencher des bombes à distance [11]. » Pourtant, un peu plus tard, le chef de l'État français tentera de nier cette évidence et on reste médusé en relisant les propos qu'il tient à Copenhague, en 1995, à l'issu du Sommet mondial pour le développement social dont les conclusions insistent sur le danger que représente l'essor du mouvement intégriste pour le développement du monde arabo-musulman. Lors de la conférence de presse, un journaliste tire la sonnette d'alarme en faisant part à François Mitterrand de sa surprise : « La France continue d'abriter beaucoup de leaders » du mouvement intégriste, s'étonne-t-il, et de lui demander si « cette position n'est pas en contradiction avec la volonté de la France qui a été affirmée à maintes reprises

de soutenir les pays en voie de développement».
Mitterrand donne l'impression qu'il tombe du ciel. Il a
visiblement une absence, puis doute, puis nie, puis
conteste et enfin relativise : «La France a accueilli beaucoup d'intégristes musulmans ? Je ne sais pas, je ne suis
pas au courant. Il y en a certainement, mais ils n'ont pas
été accueillis en tant que tels. Nous n'avons pas fait de
recrutement ! Je ne vois pas où est la contradiction [12].»

La réponse n'est pas convaincante mais elle n'est pas
surprenante si on la relie aux propos tenus à l'Élysée le
fameux 14 juillet 1990, soit un mois après les élections
municipales qui s'étaient soldées par la victoire du FIS.
François Mitterrand se montre très rassurant face à
Christine Ockrent et Patrick Poivre d'Arvor qui soulignent que «les intégristes semblent quand même en
passe de prendre le pouvoir en Algérie». Pour calmer
les frayeurs de ses interlocuteurs, le chef de l'État, de
toute évidence séduit par le chant des sirènes islamistes,
se fait sécurisant dans sa réplique : «Moi, je ne dirais
pas que le Front islamique, ce soit l'intégrisme. Je ne le
dirais pas. De plus, je pense que les élections algériennes
sont du ressort des Algériens. On a un peu trop tendance à se mettre à leur place. Ce sont eux qui décident, ce n'est pas nous, les Français, et de ce point de
vue-là, je demande qu'on observe un peu plus de
décence. Ce sont les Algériens qui se sont décidés, dans
des élections libres, peut-être les premières élections
libres en Algérie. Il y avait quand même une très grande
somme de mécontentements là-bas. Ces mécontentements se sont additionnés. Est-ce qu'ils ont pris une
forme idéologique ou religieuse exacerbée ? Je n'en suis
pas sûr et j'attends de voir la suite des événements pour
faire mon opinion. Mais j'observe que le Président
Chadli a gardé dans cette affaire un très grand sang-

froid[13]. » Nous n'aurons pas l'outrecuidance de dire que François Mitterrand ignore ce qu'est l'intégrisme ou le pétainisme néofasciste, pour noter seulement que François Mitterrand choisit le jour de la fête nationale de la France républicaine pour donner le sacre au parti qui préparait le linceul de la jeune République algérienne. Au nom d'«élections libres», du «choix populaire» qui ont conduit l'Allemagne au nazisme, au nom du suffrage universel qui a mené l'Italie au fascisme, au nom de la légalité chère à la France pétainiste, il cautionne l'éventualité d'une Algérie théocratique. Bref, en berçant les téléspectateurs de mélopées sur l'intégrisme, c'est symboliquement un 14 juillet que Mitterrand donne sa bénédiction au parti qui aiguise ses couteaux pour instaurer en Algérie le modèle glauque des mollahs iraniens ou celui, putréfié, du Soudanais Tourabi. Pour le chef de l'État français, le «choix populaire» ne peut, en aucun cas, s'incliner devant les lois de la République alors que dans leur essence ces lois devraient pourtant impérativement débouter le fascisme.

En 1995, sur le métier remettant son ouvrage, François Mitterrand donne une nouvelle fois, subtilement, l'onction à l'État «islamique modéré» programmé par la plate-forme de Rome qui réunit le FIS, le FLN et le FFS. Son combat douloureux avec la mort ne le détournera pas de l'objectif qu'il s'était tracé. Sa tentative ultime — la Conférence internationale sur l'Algérie qu'il suggère à l'Union européenne — quasiment au terme de son mandat présidentiel, échoue, elle aussi, comme ses combinaisons précédentes. Connaissant à merveille les voies tortueuses qui conduisent au pouvoir, il ne parviendra pourtant pas à remettre le FIS en selle. Tacticien hors pair, Mitterrand n'était certainement pas l'homme des ruptures avec les conceptions et les pratiques néocolonialistes obsolètes ; l'instauration de relations mutuellement fécondes entre l'Algérie et la France était apparemment le cadet de ses soucis. Bien entendu, il ne manquait pas de vision sur les relations algéro-françaises, mais de l'Algérie il avait l'image du galibot, une conception dominatrice d'un pays qui devait rester à tout prix dans une situation d'infériorité et de dépendance, celle d'un État qu'il fallait maintenir et, au besoin, réduire au statut humiliant d'appendice de l'ancienne métropole, celle condescendante d'une population mineure, le cliché d'un peuple de Bédouins condamné indéfiniment au régime de l'indigénat, celle enfin, hautaine, non pas d'un État-nation souverain, mais d'une « mosaïque de peuplades qui se prend pour une nation ».

Le moins que l'on puisse dire, c'est que son cheminement politique avec l'Algérie n'a jamais emprunté le sentier susceptible de supprimer les malentendus entre les deux pays ou de cicatriser les blessures. Auraient-ils donc tort les Algériens qui considèrent qu'il fut leur adversaire sinon leur ennemi le plus constant, le plus implacable ?

Si chacune des phases dites « obscures » de la trajectoire politique de François Mitterrand se prête toujours à de vives controverses en France, le consensus se fera-t-il sur l'Algérie ? Dira-t-on que ce pays figure parmi les chapitres peu glorieux de son long itinéraire politique, que cela a été particulièrement flagrant aux tournants de l'histoire de l'Algérie et que, sans verser dans l'excès, on peut considérer que cela a été le cas de bout en bout ?

L'illusoire troisième voie

En janvier 1995 donc, la capitale italienne a abrité une réunion de partis politiques algériens sous les auspices de la communauté religieuse de Sant'Egidio et avec le consentement de gouvernements et de forces politiques occidentales, dont les États-Unis qui estimaient alors la victoire du FIS inéluctable. Les observateurs étrangers insistent tous sur le caractère décisif de la rencontre pour la suite des événements en raison de la présence du FIS, du FLN et du FFS qui, relève-t-on, représentent à eux seuls plus de 78 % de l'électorat qui s'est exprimé aux législatives du 26 décembre 1991[1]. Le patron du FLN, Abdelhamid Mehri, euphorique, rassure son monde sur la sincérité des intentions du FIS dont il a pu observer les métamorphoses. Avant d'arriver à Rome, il a rencontré les deux leaders du FIS dans leur résidence surveillée et dit à ce propos : «J'ai été stupéfait par l'évolution politique d'un homme comme Benhadj», alors qu'un autre signataire garantit que si le pouvoir consent à un vrai dialogue, «Ali Benhadj se dit prêt à aller à la montagne parler lui-même aux moudjahidines* pour leur deman-

---

* Combattants de la foi.

der de cesser le combat[2] ». Tous semblent ignorer qu'au surlendemain de sa sortie de la prison de Blida, soit quatre mois avant ces confidences romaines, Benhadj avait expédié deux lettres aux groupes armés dans lesquelles il demandait une intensification du *djihad**.

La rencontre se termine par la signature d'un « contrat national », dit « plate-forme de Rome », qui ravit gouvernements et observateurs étrangers. On parle de « smic démocratique », d'authentique « offre de paix », du « début d'un processus de règlement de la crise algérienne ». Résumant l'atmosphère ambiante, le directeur du *Nouvel Observateur*, Jean Daniel, se persuade de la percée : « Je maintiens, écrit-il, que nous sommes en présence d'un commencement de processus de paix[3]. » Ce plan séduit les gouvernements européens, on parle déjà de pressions financières pour faire céder les autorités d'Alger en les poussant à la table des négociations et Jean Daniel estime à ce propos que « le gouvernement algérien se mettrait dans une situation internationale assez difficile en refusant purement et simplement le principe d'une négociation, qu'il avait lui-même commencé à initier[4] ». Les autorités algériennes affichent quant à elles une attitude de refus et rejettent ce plan « globalement et dans le détail » comme le souligne le porte-parole du gouvernement.

Dans cet hymne unanime à la gloire de la paix enfin retrouvée, comme Diogène avec sa lanterne cherchant à midi un homme dans Athènes, on scrute à la loupe les observateurs français qui ne se sont pas laissé abuser par le marché de dupes conclu dans la Ville éternelle. Ils sont rares, très rares ; parmi eux, il y a Bernard Guetta qui constate, dans son commentaire matinal sur

---

* Guerre sainte.

les ondes de France Inter : «Les mots, la démarche, les
étapes, au premier regard, tout paraît séduisant, et
séduit déjà beaucoup, dans les propositions avancées à
Rome par les islamistes et plusieurs partis de l'opposition algérienne. L'ennui est que si l'on va au-delà des
mots la réalité est beaucoup moins encourageante. Car
la réalité, ce n'est pas une conversion des islamistes au
pluralisme, à la tolérance et au principe d'alternance
(…). Non, la réalité est tout simplement que l'adversaire principal des islamistes, le seul capable de leur
résister, est l'armée» et, ajoute-t-il, «l'armée étant hors
jeu, ce serait les pleins pouvoirs à la dictature» et sans
ticket de retour, «pas avant longtemps du moins[5]».
Bernard Guetta a raison, car que recherchait en réalité
la coalition de Rome en exigeant de l'État algérien l'ouverture de négociations avec les groupes armés et en
exhortant l'institution militaire à rejoindre les casernes?

L'examen des positions adoptées à Rome montre
qu'il s'agit en fait, sous couvert d'offre de paix, de faire
le procès de l'État algérien. La plate-forme conforte
politiquement un mouvement qui tente de faire basculer le pays dans une véritable guerre civile. En exigeant
que l'armée se transforme en «garde champêtre», elle
laisse le champ libre au terrorisme et l'encourage de fait
à poursuivre et à aggraver sa politique de terreur.

Le terrorisme islamiste s'en sort à bon compte et l'escalade terroriste ne tarde pas. Deux jours après la signature du «contrat» de Rome, Alger est le théâtre d'un
carnage qui provoque la mort de quarante-trois pas-
sants. Anouar Haddam, signataire de la plate-forme,
justifie aussitôt, publiquement et sans la moindre ambiguïté, l'attentat à la voiture piégée lancée contre le commissariat central d'Alger. Contrairement aux attentats

précédents, il était armé, cette fois, de la caution politique et morale que Sant'Egidio venait de lui accorder.

Démolir l'État, lui ôter toute légitimité, tel était l'objectif stratégique de la rencontre de Sant'Egidio. Le terrorisme intégriste et la coalition de Rome ne s'attaquent pas à un pouvoir issu du système du parti unique et du régime Chadli comme certains le prétendent. Anouar Haddam, représentant du FIS aux États-Unis, scelle une alliance avec un aréopage de notabilités et de dignitaires du pouvoir FLN : le patron du FLN Mehri, l'ancien Président de la République Ben Bella qui rêve d'un come-back, son ancien ministre Ali Yahia Abdenour, fraîchement et opportunément converti à la défense des Droits de l'homme. Tous sont de purs rejetons du système du parti unique.

Rome ne mène pas à la démocratie. La coalition romaine s'attelle pour l'essentiel à déstabiliser l'État et, ce faisant, à interdire toute possibilité de remettre la démocratie sur les rails en Algérie, car le pays et la démocratie souffrent précisément d'un déficit d'État. C'est cette négation de l'État que les parrains occidentaux de Sant'Egidio épaulent en donnant leur bénédiction à la thèse réactionnaire et pétainiste du « ninisme » (« ni État intégriste ni État policier ») chère à Aït-Ahmed. Lu autrement, dans un contexte français bien connu, cela donne : ni Hitler ni de Gaulle! Mais quoi donc alors? Tout simplement un pouvoir de marionnettes à la manière de Laval et Pétain.

En exigeant des autorités algériennes de négocier avec les groupes armés, la réunion de Sant'Egidio comme ensuite la tentative du Président Mitterrand de réunir une conférence européenne sur l'Algérie, toutes ces initiatives convergeaient objectivement sur un point capital : l'abdication de l'État devant le terrorisme islamiste.

Rien d'autre. Par ailleurs, en renforçant le projet de déstabilisation de l'État, ces deux démarches et leurs multiples variantes contribuent à rendre la crise algérienne politiquement insurmontable. Est-ce un hasard, en effet, si l'alliance est scellée après que Zeroual eut annoncé la tenue d'élection présidentielle pour la fin de l'année?

Paradoxe et ironie de l'histoire, c'est Rome qui est le théâtre du « ninisme », ce nanisme politique. Rome qui avait brutalement désavoué et blâmé la thèse du double ni, qualifiée de complicité avec le terrorisme, lors de l'épisode sanglant des Brigades rouges. Résumant l'opinion de l'écrasante majorité des forces démocratiques italiennes, le secrétaire général du syndicat CGIL déclarait à propos des partisans du « ni ni » : « Ceux qui acceptent le slogan ni avec l'État ni avec les Brigades rouges ne peuvent faire partie du syndicat unitaire : ou ils s'en vont ou il faut les mettre dehors[6]. »

Céder au chantage terroriste, c'était alors ouvrir la voie à la décomposition de l'État italien. Lors du kidnapping d'Aldo Moro, le président du Conseil se montre intraitable : « On ne peut négocier avec des gens qui ont les mains ruisselantes de sang[7]. » Appelant à faire le vide autour des terroristes, de manière à les laisser comme des poissons sans eau, l'Italie démocratique avait engagé un combat impitoyable pour l'isolement politique et moral des brigadistes et de tous ceux qui sympathisaient et flirtaient avec eux.

En février 1997, à la suite de l'assassinat d'un magistrat du tribunal suprême espagnol en plein cœur de Madrid, le gouvernement espagnol maintient son opposition à tout dialogue tant que l'ETA n'a pas renoncé à la lutte armée; le vice-président Francisco Alvarez Casco déclare : « Il n'est pas question de céder devant la terreur, la violence et la mort[8]. » Critiqué par certains commentateurs pour son «inflexibilité», le ministre de l'Intérieur Jaime Major Oreja explique pourquoi il est lui aussi intraitable : «On ne peut pas négocier avec cette minorité, certains l'ont fait dans le passé, sans autre résultat que de "légitimer" comme interlocuteurs des gens qui affichent de jouer le jeu démocratique, mais les armes à la main, et qui comprennent "dialogue et tolérance" comme autant de faiblesse de notre part[9]. » Le satisfecit que décernent les hommes politiques et les médias occidentaux à la plateforme de Rome, sous prétexte qu'elle est un appel à la paix, est-il alors le signe de nouveaux errements des démocraties occidentales ? Il s'agit assurément des mêmes égarements que Jean-François Revel constate lorsqu'il écrit en 1987 que le terrorisme «a fait perdre la tête aux dirigeants occidentaux, il les a poussés à la faute, acculés aux contradictions dans les mots et aux catastrophes dans les actes. C'était son objectif : c'est sa plus grande victoire[10] ».

Malgré les interminables offres de dialogue des autorités algériennes, l'Occident, pour justifier sa position, s'est longtemps arc-bouté à la thèse du pouvoir militaire qui refuse de trouver une issue politique en se confinant dans l'option du tout sécuritaire. Les apôtres de ce discours, au demeurant fallacieux, contestent à l'État le minimum : le droit à la défense. Sur cette question, laissons la réponse à l'ancien journaliste et rédacteur en chef adjoint du *Monde*, Robert Solé : «Le terrorisme met tout le monde au pied du mur. Dire qu'il se combat par davantage de liberté est une formule totalement creuse si on n'en précise pas le contenu. On ne lutte pas contre la violence avec des mots. Les événements italiens montrent que sans services secrets efficaces on ne lutte pas contre le terrorisme. Choquant ? Peut-être, mais il faut savoir ce qu'on veut [11]. » Dans le même ordre d'idée, lorsqu'ils avaient la charge de l'État et qu'il était question de la sécurité de la France, les socialistes français avaient fait montre de positions intransigeantes. À la suite de la série d'attentats commis à Paris en septembre 1986 et face à une situation autrement moins grave que celle que traverse l'Algérie, François Mitterrand déclarait : « Puisque c'est une guerre, il faut employer les moyens de la guerre [12]. » Quelques années plus tôt, c'est Pierre Mauroy, à la tête du gouvernement socialiste, qui lançait : « Le terrorisme est un crime qui dispose de moyens de guerre et parfois de l'appui des États (…). Il constitue, au sens de la défense, une agression contre laquelle doivent être déployées toutes les ressources d'un État (…). Le défi du terrorisme est, en effet, global. Il appelle une défense qui le soit aussi [13]. »

Premier ministre en octobre 1986, c'est la même attitude qu'adopte Jacques Chirac en assurant que « le gouvernement a affirmé une politique parfaitement claire : aucun compromis, aucune négociation avec les terroristes ou des intermédiaires. Nous mènerons contre le terrorisme une lutte sans merci… Nous agirons de manière impitoyable [14] ». En novembre 1991, le ministre des Affaires étrangères, Roland Dumas, ne s'écarte pas de cette position en répétant : « Le terrorisme aveugle est la chose la plus abominable qui soit. Et je serais sans pitié, personnellement, contre les terroristes [15]. » En février 1992, auditionné au Palais-Bourbon par la Commission des Affaires étrangères, il insiste : « À l'égard du terrorisme, il n'y aura jamais de transaction [16]. »

Faut-il croire que, pour ces socialistes, cette ligne de

conduite n'est acceptable que lorsque la menace terroriste pèse sur la France ?

Au moment où Roland Dumas tient ces propos,
l'État algérien, surpris par la vague terroriste, est dans
l'incapacité de porter aux groupes armées une réplique
du type et de la dimension de celle envisagée par Robert
Badinter en 1977. Selon l'artisan de l'abolition de la
peine de mort en France : « Aucune collectivité ne peut
supporter que soit dépassé un certain seuil de violence
sans réagir brutalement. Et ce seuil, qui peut être quan-
titatif s'agissant de violence criminelle, est qualitatif
quand il s'agit de violence terroriste [17]. » Les premiers
actes terroristes révèlent l'épouvantable impréparation
de l'Algérie et de ses services de sécurité profondément
lézardés sous le régime de Chadli. Le fossé qui s'était
creusé entre le pouvoir et une société civile naissante,
de surcroît asphyxiée par trois décennies de gestion
FLN, n'est pas non plus étranger aux difficultés à faire
front contre le terrorisme. La vulnérabilité des institutions trouve aussi ses racines dans la faiblesse et la crise
des corps de l'État dont les lacunes empirent durant
cette période. Enfin, entre 1989 et janvier 1992, le
laxisme, l'indécision politique, sinon la complicité de
hauts responsables de l'État, dont la Présidence de la
République, font le reste. La spirale terroriste confirme
en fin de compte cette observation de l'historien Eric
Hobsbawm : « Le terrorisme n'est pas une réaction
contre l'État plus autoritaire, mais contre l'État moins
autoritaire [18]. »

Dans le contexte des années 1992-96, l'alternative
démocratique était impensable sans l'isolement politique permanent et plus étendu du terrorisme, préalable
à son éradication à plus long terme. C'était et cela
demeure la tâche démocratique par excellence, une obli-

gation de citoyenneté et le « devoir de l'essentiel [19] ».
C'est d'abord aux organes de l'État, avec l'appui des
citoyens et de leurs organisations, dans le plein respect
des principes et des règles propres à un État de droit,
qu'il revient de protéger l'Algérie contre l'extension de
ce cancer contre lequel la lutte n'est nullement aisée. Le
combat est d'autant plus difficile que la République
doit se défendre selon les règles de l'État de droit alors
que le terrorisme agit selon la logique de la guerre la
plus inhumaine et la plus impitoyable. Ces mêmes terroristes ne se privent pourtant jamais de revendiquer
l'application du droit comme le soulignait Jean-
François Revel à propos de la bande à Baader, d'Action
directe et des Brigades rouges : « D'une part, ils décrètent se trouver dans une société où l'assassinat est le seul
recours possible pour combattre l'injustice et, d'autre
part, étant arrêtés ou extradés, ils réclament toutes les
garanties d'un État de droit, dont ils avaient toujours
jusque-là nié l'existence même [20]. » Recourant à des
méthodes abominables, expression d'un mépris inqua-
lifiable de l'intégrité physique et morale de la personne
humaine, du droit à la vie, les auteurs de ces crimes
monstrueux ont pourtant été jugés au grand jour, avec
l'essentiel des garanties constitutionnelles. Le respect
des règles essentielles de l'État de droit et la légalité
républicaine signifient-ils pour autant résignation et
abdication face à la folie meurtrière des forces qui
menacent l'avènement de la démocratie en tentant de
la tuer dans l'œuf ? Sur cet aspect de la question, le point
de vue de Maurice Duverger mérite d'être rappelé.
Après la série d'attentats perpétrés à Paris en 1984, tout
en remarquant que la société serait menacée si la répression du terrorisme ne respectait pas l'État de droit,
Maurice Duverger ajoutait aussitôt : « Mais de quel

droit s'agit-il ? Telle est la question fondamentale quand on prend conscience que le terrorisme international est une forme de guerre. Il relève ainsi du droit de la guerre, non du droit de la paix, à cela près que leur frontière n'est pas rigoureuse dans ces batailles de l'ombre qui trouent de-ci de-là le temps de paix, sans le détruire. L'essentiel du droit de la guerre ne porte pas sur la répression des actes qu'il interdit, mais sur la réglementation de la violence inhérente aux hostilités. Comme celui de la guerre classique, le droit de la guerre de l'ombre repose sur une réciprocité des armes et des risques, excluant seulement — mais absolument — des procédés tels la torture des prisonniers ou le massacre des non-combattants (…). Il implique le recours à des organisations militaires de même type que les groupes clandestins qu'il s'agit de repérer et de détruire (…). La bataille de première ligne reste inséparable de la lutte contre ceux qui fournissent la logistique des attentats ou passent commande à leurs auteurs. On pénètre alors sur le terrain de la guerre classique, dont les règles aussi devront être adaptées au terrorisme[21]. » Cette position converge avec l'option qui consiste à « terroriser les terroristes » que Charles Pasqua choisit lorsqu'il est à la tête du ministère de l'Intérieur et que préconisent d'ailleurs la plupart des spécialistes de la question qui indiquent qu'un groupe terroriste est perdu dès lors qu'il a peur, dès lors que l'essentiel de son énergie est consacré à sa propre protection.

La lutte pour l'éradication du terrorisme ne dispense certainement pas d'une politique qui s'attaque à ses origines car se contenter de couper des branches en délaissant les racines risque souvent de fortifier la plante au lieu de la supprimer. Combattre les causes suppose, nécessairement, que soient engagés des processus de rénovation et d'assainissement de la société et de l'État. Il n'est pas certain que toute la société adhère promptement à un tel processus. Une partie des Algériens se reconnaît en effet dans le projet de société des islamistes. Mais dans tous les cas, en attendant que cette question fondamentale trouve une issue, il faut nécessairement construire et rénover l'État en lui donnant toute sa profondeur dans la société civile, en rendant ses activités plus transparentes et ses structures plus performantes.

Le canular du parti « *fréquentable* »

Selon une opinion très largement répandue en Occident, le basculement de l'Algérie dans la violence serait la manifestation exclusive de la frustration du FIS, privé de son succès électoral, à la suite de l'annulation du deuxième tour des élections législatives de décembre 1991. C'est, nous dit-on, la confiscation de ce gain qui est à l'origine du terrorisme d'un parti jusque-là modéré. Ce mythe a la vie dure. Au printemps 1996, *Le Monde diplomatique* moulinait pour l'entretenir à sa façon : « Le Front islamique du salut, à l'époque lui aussi modéré, avait gagné les élections de décembre 1991, avant le coup d'État militaire et le déclenchement de la guerre civile [1]. » Récemment encore, en août 1997, José Garçon n'en démordait pas dans *Libération*, en rabâchant que tout commence début 1992 et que les « affrontements actuels (…) s'expliquent par l'annulation des élections de 1991 gagnées par le FIS et la répression qui a suivi [2] ». Cette fiction du « FIS modéré », du parti « fréquentable » jusqu'à l'hiver 1992, et cette fable de la violence qui ne débute qu'en 1992 ne résistent pas à un examen un tant soit peu objectif des faits. Si l'annulation de ce scrutin a débouché sur une extension et une aggravation, incontestables, de la violence et du terrorisme, les deux phénomènes sont pourtant bien antérieurs à l'arrêt du processus électoral. L'idée et le principe du recours à la violence pour l'instauration de l'État théocratique n'ont jamais été écartés par les dirigeants islamistes. Cette voie est annoncée par les groupes armés de Bouyali, père spirituel de Ali Benhadj, qui, en 1980, un an après le triomphe de Khomeiny, décide de constituer une branche armée au service du futur État islamique. Violence, actes terroristes — qui jaillissent à nouveau en 1989 peu après la légalisation du FIS —, rébellion et préparatifs du passage à l'action armée marquent les trois années qui précèdent le terrorisme total.

Aussitôt légalisé, le 14 septembre 1989, en violation d'une Constitution qui proscrit, entre autres, toute activité ou formation politiques fondées sur des bases religieuses, le FIS accélère le quadrillage de la société déjà largement avancé au milieu des années 80, soit bien avant son apparition en tant que parti. Sans remonter aux sources de l'islamisme politique en Algérie, notons simplement que c'est au début de la décennie 80 que ce mouvement prend de l'essor avec, notamment, la multiplication des groupes et cellules islamistes — les premières *jamaâte el islamia** organisées en *madjlis echoura***, avec à leur tête un émir, apparaissent en 1970 —, les premières « mosquées libres » — organisées à Constantine par Djaballah, leader actuel du parti islamiste Ennahda — situées dans des locaux de fortune transformés en lieux de prières et de *hallaqates* (cercles) où sont vulgarisées les thèses intégristes. Les milices sont déjà une réalité et sur un autre plan, celui-là vestimen-

---

* Groupes islamistes.
** Conseils consultatifs.

taire, l'islamisme manifeste la volonté de se particulariser en encourageant le port du *kamis* et du *hijab*. Durant cette période, l'islamisme tire profit des facilités considérables qu'accorde Chadli Bendjedid au prosélytisme religieux. Ainsi, le Président de la République fait appel aux Frères musulmans étrangers — certains pourchassés par leur État — pour prendre en charge l'orientation religieuse du pays et c'est à ce titre qu'il confie l'Université islamique de Constantine à l'Égyptien Mohamed El Ghazali qui devient, dix ans durant, le doctrinaire et la référence obligée dans le domaine religieux en Algérie. Ce monopole officiel d'El Ghazali est d'ailleurs contesté par des leaders islamistes comme Sahnoun, Soltani et Abassi Madani tandis que Nahnah, qui songe déjà à un mouvement unifié, lui apporte son appui. Chadli contribue également au support logistique de l'endoctrinement du corps social en inondant le marché d'ouvrages véhiculant l'idéologie intégriste : importations massives, sans contrôle, de livres subventionnés par l'État, prolifération d'éditeurs nationaux et de publications, ventes anarchiques de cassettes audio...

L'essor de l'islamisme est également largement favorisé par la politique économique qu'initie le régime Chadli et qui participe au développement du parasitisme. Sa politique remet totalement en cause l'effort d'investissement réalisé durant la décennie précédente. Le bilan qu'il fait de la période Boumediene est d'une sévérité outrancière et débouche sur une nouvelle orientation qu'illustre le slogan « Pour une vie meilleure » que le FLN adopte lors de son congrès. Cette direction nouvelle imprimée à l'économie s'exprime, par exemple, par le lancement d'une gigantesque politique d'importation de biens de consommation dans le cadre d'un programme dit « Plan anti-pénurie » (PAP). Les promesses mirifiques faites au peuple sont traduites en 1980 dans le plan quinquennal 1980-84 que Chadli lance avec son Premier ministre Abdelhamid Brahimi. Le nouveau pouvoir annonce, par on ne sait quel miracle, que le pays a atteint « un stade qualitativement différent » qui lui permet désormais de passer de la phase d'accumulation à la phase de la consommation de masse[3]. Ainsi s'ouvre la nouvelle période qualifiée de « décennie du social » car on estime que le peuple a fait trop de sacrifices. Durant cette étape, qui marque un arrêt brutal de l'effort d'investissement, le gouvernement s'engage à résoudre l'ensemble des problèmes socioéconomiques[4] du pays. Au bout de cette décennie vouée à l'abondance et au bien-être général, les Algériens connaîtront la vie de folie et le cauchemar que l'on sait, et la promesse démagogique d'une « vie meilleure » que le régime annonçait s'est transformée pour beaucoup d'entre eux en « vie ailleurs ».

Principal bénéficiaire de la toile d'araignée patiemment tissée par l'islamisme, le FIS émerge en 1989 en fédérant un réseau constitué de milliers d'associations organisées autour des quelque seize mille mosquées et de centaines d'organisations dotées de couvertures caritatives. Réuni dans un seul parti, ce potentiel entraîne une synergie, un décuplement de la puissance du mouvement qui lui donne la possibilité d'intensifier, de multiples façons, le quadrillage de la société. Un exemple de ce quadrillage : l'inventaire des appartements qu'il entreprend, entre 1989 et 1991, dans plusieurs quartiers d'Alger, sous le prétexte démagogique de régler la crise du logement. Le dénombrement des familles peu nombreuses et des femmes sans époux, auxquelles les milices demandent avec insistance de céder un espace de leur appartement aux « démunis », permet au FIS de procéder, immeuble par immeuble, à un recensement policier de la population.

Parallèlement au quadrillage méthodique des quartiers, le FIS se présente comme un garant de la justice sociale et un mouvement révolutionnaire voulant renverser la pourriture de l'ordre établi. C'est à partir de cette problématique qu'il défie l'État « impie et tyrannique » et le discrédite systématiquement en aiguisant progressivement sa stratégie de la tension. C'est dans cette logique globale que s'inscrivent par exemple les affrontements avec la police dans la proche banlieue d'Alger[5], les émeutes fomentées à Ténès[6], l'évasion de dizaines d'islamistes détenus dans la prison de Blida[7]. Les violences verbales redoublent, frayant ainsi la voie à la violence physique dont les femmes, les démocrates et la culture sont les premières cibles. À propos des femmes, Ali Benhadj déclare à la presse : « Le lieu naturel de la femme est le foyer. Si nous sommes dans une société islamique véritable, la femme n'est pas destinée à travailler. La femme est une reproductrice d'hommes (…). Elle ne produit pas de biens matériels, mais cette chose essentielle qu'est le musulman (…). La mixité est contraire à la morale islamique. Il faut séparer les filles et les garçons[8]. » Les tribunaux islamistes institués durant la même période décident d'appliquer leurs lois et recourent au châtiment corporel comme l'apprend à ses dépens, au printemps 1990, une étudiante de Blida kidnappée, jugée et soumise au fouet[9]. Enchaînant sur les « calamités morales », Benazouz Zebda, membre de la direction du FIS et directeur de son organe *El Mounquid*, dénonce « la consommation de vin devenue licite » et la mixité dans les écoles, les lycées et les universités qui a eu pour conséquence « la prolifération de bâtards ». Et, bien qu'aveugle, il ajoute : « La dépravation s'est répandue et nous voyons la femme ne plus se cacher et étaler aux yeux de tout le monde son corps maquillé et nu [10]. » En octobre 1991 à Alger, Rabah Kebir, l'actuel représentant du FIS en Europe, s'en prend au vote des femmes et déclare : « C'est une honte pour l'Algérie que de ne pas permettre à l'époux de voter à la place de l'épouse. Dans ces conditions il est préférable pour les conjoints de se séparer [11]. » Les femmes qui protestent contre la montée du fanatisme sont prises à partie par Abassi Madani qui, en décembre 1989, condamne « les récentes manifestations de femmes contre la violence et l'intolérance [qui] constituent un des plus grands dangers qui menacent le destin de l'Algérie. Ces manifestations sont un défi à la conscience du peuple algérien et consacrent le reniement des valeurs d'une nation [12] ». Plus tard, il traite d'« éperviers du colonialisme » toutes celles qui refusent de se plier à son diktat. Début 1990, le FIS invente la grotesque « campagne d'évangélisation [13] » de l'Algérie qui sert de couverture à ses délires et à une manipulation sans bornes. Les sentences prononcées par les chefs sont aussitôt mises à exécution par les troupes : à Constantine, des étudiantes sont agressées dans la cité universitaire [14] ; en mars 1990, les femmes rassemblées pour protester contre l'intolérance devant le siège de l'Assemblée populaire nationale [15] subissent le même sort. Les intimidations pour le port forcé du *hijab* s'accentuent alors que la mixité dans les écoles connaît un début d'interdiction dans plusieurs localités. À Blida, les milices intégristes chamboulent le fonctionnement des transports publics pour y instaurer leur ordre en faisant voyager hommes et femmes séparément. Dans les municipalités qu'il dirige, jouant sur du velours, le FIS oblige les employées à porter le *hijab* ou à démissionner.

Les manifestations musicales et cinématographiques sont déclarées illicites dès 1989. Dans plusieurs villes, concerts publics et privés sont interdits : le chanteur Chaou à Bordj Bou Arrerridj[16], la chanteuse portugaise Linda de Sousa à Alger, le raï à Oran. Jeux de cartes et dominos sont interdits à Sétif[17] alors qu'à Khenchela, dans les Aurès, les milices détruisent les jeux électroniques. Meetings et colloques où interviennent des personnalités ou des partis du courant démocratique sont perturbés, interdits et les animateurs molestés comme à Alger et à l'est du pays, notamment à l'université de Constantine, Batna, Jijel[18]. L'entreprise de prétendue moralisation et purification de la vie publique s'applique également aux hommes du culte. Tous ceux qui ne font pas allégeance au FIS sont persécutés comme les trois cents imams chassés des mosquées des préfectures de Tipaza et de Chlef[19]. Ces agressions se produisent pour l'essentiel alors qu'en tant que parti le FIS n'a pas encore la moindre parcelle de pouvoir officiel. Durant cette période, il franchit un pas significatif dans la violence lorsque le 10 janvier 1990 une centaine d'islamistes n'hésite pas à attaquer un commissariat de police[20] à Alger.

Deux ans avant la « frustration » de décembre 1991, voilà donc un premier aspect des pratiques du parti « modéré ». Six mois après l'attaque de ce commissariat, le FIS va asphyxier un peu plus les embryons de vie démocratique à la faveur de l'extension soudaine de son empire. En effet, le 12 juin 1990, l'aile marchante de l'islamisme reçoit un don du ciel par la grâce du suffrage universel. À la faveur des élections municipales, le FIS rafle huit cent cinquante-trois assemblées popu-

laires communales (APC) sur les mille cinq cent quarante et une que compte le pays et s'octroie trente-deux
assemblées départementales sur un total de quarante-
huit. Les municipalités de la République sont désormais
subordonnées à une structure hiérarchique, à des *mad-
jliss* (assemblées) d'un autre siècle et à des émirs qui déli-
bèrent, dans un réseau occulte ou dans la mosquée voisine, des nouvelles mœurs de la cité et des lois que leurs
élus doivent impérativement appliquer.

Cette vente sur pied de plus de la moitié des mairies
à l'intégrisme constitue la seconde trahison de la
République — qui découle naturellement de la première perfidie, la légalisation du FIS — commise par le
chef de l'État et son gouvernement avec la complicité
bienveillante ou l'aveuglement de toute la classe politique. En la circonstance, simultanément au sacrifice
inique des municipalités de la République, Chadli et
son gouvernement accomplissent, dans un registre différent encore que complémentaire, une seconde per-
formance. Cette prouesse des gouvernants, retransmise
d'ailleurs en direct sur le petit écran, est un des mystères de cette élection, une merveille de dextérité qu'aucun Algérien de bonne foi n'est parvenu à ce jour à élu-
cider. Au journal télévisé de 20 heures, en effet, les
téléspectateurs assistent, certains médusés, d'autres en
extase, à un authentique exploit réalisé par le ministre
de l'Intérieur : à 20 h 47 tapantes, Mohammedi proclame les résultats de la consultation ! Soit moins de
deux heures après la fermeture des bureaux de vote !
Beaucoup moins dans certains cas ! Diantre ! le record
du monde dans le traitement des données ! Pulvérisés
les délais de transmission des résultats officiels des
démocraties occidentales ! Quarante-sept minutes de
plus que BVA, Sofres et Ifop réunis qui se confinent

d'ailleurs à des estimations! Qui dit mieux? On ne sait si les chancelleries occidentales ont été victimes d'apoplexie ou ont pris ombrage de la célérité de Mohammedi. Nul ne sait non plus si Bill Gates a eu vent de cette percée prodigieuse de la révolution informatique : les premières élections virtuelles! Les fiançailles du siècle entre le dogme islamique et les idéaux démocratiques, cet incroyable pied de nez à toute l'Histoire de l'humanité, cette cohabitation idyllique tant attendue par le pouvoir se réalisaient enfin grâce à un chef-d'œuvre politico-technique des gouvernants combiné aux miracles de la révolution informatique. Le pouvoir venait d'enclencher la dynamique qui allait enfin réaliser le paradis sur la terre d'Algérie par le dépassement des vicissitudes, de la précarité et des conflits du monde réel que seul pouvait réaliser, selon lui, le mariage entre la République et l'État théocratique.

Par-delà cette ténébreuse affaire de la proclamation des résultats du scrutin, c'est le pays qui se retrouve encore plus disloqué par cet accouplement contre nature. La paralysie déjà avancée du pouvoir central d'un côté et l'hémorragie des institutions municipales de l'autre accouchent finalement d'un appareil d'État atteint d'hémiplégie. La base n'obéit plus au sommet, les élus islamistes des institutions locales ne répondent plus aux commandes de l'autorité centrale. La suppression immédiate de certains attributs de la République et de marques de la présence de l'État — l'emblème national s'éclipse des édifices publics, sur le fronton des mairies la devise officielle «Pour le peuple et par le peuple» est biffée, *baladia islamia** se substitue à

---

* Municipalité islamiste.

assemblé populaire communale, le portrait du chef de l'État est mis au placard — constitue une rupture, symbolique et politique à la fois, significative de la volonté du FIS d'opérer sans délai un premier décrochage des municipalités placées ainsi sur orbite intégriste.

Lovées dans les institutions de la République, les municipalités FIS fonctionnent selon leurs propres règles et accentuent la mise au pas de la société en commençant par vampiriser la culture. Au lendemain du scrutin, en quelques semaines, les institutions culturelles publiques situées dans les *baladia islamia* sont dissoutes. Sous le prétexte démagogique de donner la priorité à l'hébergement des indigents et des sans-abri, les élus d'Alger mettent le Conservatoire de la ville sous scellés tandis qu'à Bordj Bou Arreridj[21], pour atteinte aux préceptes islamiques, la cinémathèque est cadenassée. Les associations de musique andalouse sont expulsées et leurs locaux affectés au FIS par arrêtés municipaux. Les Centres culturels de la jeunesse[22] sont à leur tour victimes de la rapine et enrichissent le butin du parti intégriste.

Une classe politique sénile, irresponsable, une autre délibérément complice, refusent d'envisager que les mairies et les institutions départementales phagocytées fortifient le FIS dans un premier temps et deviennent potentiellement une formidable base logistique de la rébellion. Il faut être Aït-Ahmed pour conclure le contraire, à la veille de l'insurrection avortée du FIS, et soutenir mordicus devant le Grand Jury RTL-*Le Monde* : « Le FIS est en perte de vitesse depuis sa participation aux élections municipales[23]. »

Le 12 juin 1990 est finalement pour le FIS un jour béni et une catastrophe annoncée pour le pays. Une aubaine pour la préparation des futures élections législatives, un formidable instrument pour l'insurrection de juin 1991, une base logistique pour les préparatifs de la guérilla, un centre de transit des terroristes.

Dans la perspective du scrutin législatif quel meilleur outil que le pouvoir municipal pour préparer l'assaut de l'Assemblée nationale surtout quand tous les coups sont permis. Avant même l'ouverture de la campagne électorale, le FIS systématise le racolage de l'électorat par des attributions fictives de logements, de locaux commerciaux et de terrains à bâtir. À Aïn Beida, dans les Aurès, l'APC-FIS exécute un ambitieux projet d'électrification de la cité en déshabillant Mouloud pour habiller Ali. Les élus, qui ne manquent pas d'idées, déterrent les poteaux électriques des artères principales, qu'ils replantent aussitôt dans les ruelles de leurs quartiers[24], et plongent le centre de la ville dans l'obscurité totale.

En accédant au fichier électoral, le FIS manigance sans tarder la monumentale manipulation, la fraude à grande échelle, dévoilée lors des élections de décembre 1991, en privant près d'un million d'électeurs inscrits, en particulier ceux résidant dans des quartiers qui a priori ne leur paraissent pas favorables, de la carte de vote. À cette occasion, l'islamisme fait preuve d'un grand altruisme en soulageant les personnels des PTT d'une partie de la corvée des 13 374 771 cartes à distribuer ! Dans la rue et devant les mosquées surtout, le FIS ne se fait pas prier pour assurer des heures supplémentaires, comme par exemple dans ce service ouvert devant la mosquée d'Appreval attenante au quartier du lotissement Saint-Michel (Kouba, Alger) où, vingt-quatre heures sur vingt-quatre, les militants, inlassables, « organisent » la distribution des cartes[25].

Contre-pouvoir lové dans les institutions de l'État, le

FIS transforme les mairies en support matériel et humain essentiel du terrorisme. La disparition de la logistique de base (pelles, pioches, tentes, etc.) du plan ORSEC des communes rurales, dès le mois de mars 1991, atteste du concours des mairies aux préparatifs de la lutte armée. Celles-ci deviennent ensuite le principal convoyeur de médicaments, de nourriture et d'armes ; c'est ainsi que les véhicules de la mairie FIS de Magrane sont utilisés pour le transport des armes et des munitions dérobées lors de l'attaque du poste frontalier de Guemmar. Elles se convertissent aussi en base et centre de collecte de renseignements, de transit d'Afghans, de recrutement de terroristes et de confection de faux papiers. À El-Eulma [26], par exemple, le démantèlement d'un réseau islamiste, responsable de la destruction de vingt-trois poteaux téléphoniques, permet l'arrestation de fonctionnaires de la mairie falsificateurs de documents civils, notamment d'actes de mariage remis aux terroristes en provenance d'Afghanistan. C'est un service de cette mairie qui était spécialement chargé des modalités de retour des commandos en provenance d'Afghanistan et de leur affectation dans les maquis du Mouvement islamique armé, au terme de cycles de formation de huit mois organisés depuis 1990 et suivis par plusieurs milliers de militants islamistes. Dans nombre de cas, les élus islamistes constituent l'encadrement des groupes armés, tel ce maire de Tablat [27] qui conduisait le réseau terroriste local ou son collègue de la commune de Bordj Ghedir [28] à la tête d'un groupe de quatre-vingt-quatre personnes démantelé en 1993. C'est aussi le président FIS de l'assemblée populaire du département de Boumerdès [29] qui a été l'instigateur de l'assassinat de trois gendarmes dans la commune voisine de Dellys, tout comme le maire FIS de la commune de Beni

Haoua[30], arrêté fin octobre 1992, qui organise l'assassinat du chef de la brigade de gendarmerie de Abbadia[31].

Durant toute l'année 1992, alors que le FIS commence à mettre le pays à feu et à sang, le kyste intégriste demeure incrusté dans l'institution municipale. Les élus FIS restent à leur poste après l'annulation du processus électoral et ils sont toujours à la tête des mairies quand, début février, le FIS déclenche des troubles dans plusieurs départements — dont les plus graves, à Batna, se soldent par douze morts et soixante-six blessés — à la suite desquels est décrété, le 9 février 1992, l'état d'urgence pour un an. Durant ce même mois, Boudiaf libère une première vague de détenus impliqués dans les émeutes. Début avril, des centaines d'autres sont élargis. Persévérant dans sa politique de la « main tendue », Mohamed Boudiaf consent à laisser les élus FIS exercer leurs fonctions à condition qu'ils renoncent à faire du militantisme. C'est à la fin de l'année 1992 seulement, lorsque le terrorisme prend des proportions qui ébranlent le pays, que le gouvernement saisit le taureau par les cornes en procédant à la dissolution de trois cent vingt assemblées islamistes (sur huit cent cinquante-trois) devenues de véritables machines de guerre[32].

Au moment même où le FIS a été légalisé, les signes et les indices des préparatifs matériels de l'action armée sont flagrants. En 1989, ce sont des membres fondateurs du groupe islamiste *Hijra oua takfir* qui dérobent le dépôt d'explosifs du barrage en construction de Kaous[33]. En 1990, la presse fait état de nouveaux vols dans plusieurs carrières du pays. Il est établi, par exemple, que le TNT qui a servi au carnage de l'aéroport d'Alger en septembre 1992 provenait de ces vols.

C'est durant cette période également que le FIS organise ses ateliers de fabrication de bombes et stocke des tonnes d'amonitrate 33 — produit qui a été le composant essentiel de la bombe utilisée lors de l'attentat d'Oklahoma-City. C'est la composante concentrée de cet engrais, produit par l'usine Asmidal de Annaba, qui a également servi dans la quasi-totalité des attentats en Algérie. C'est enfin au même moment que le FIS prépare ses maquis, recense ses refuges et ses bases de repli. En décembre 1996, la neutralisation d'un groupe armé permet la découverte dans Frenda[34] et sa périphérie de pas moins de... huit cents casemates. Dans l'Atlas blidéen, des puits de 10 à 20 mètres de profondeur ont été forés, des galeries creusées, constituant ainsi de véritables forteresses souterraines et autant de refuges de fanatiques s'adonnant au viol de femmes et de fillettes kidnappées dans les villages ou sur les faux barrages et légitimant leurs actes par le *zouadj el moutâa**. La presse algérienne a donné d'innombrables cas de femmes victimes de cette pratique de dépravés, importée d'Iran, qui a occasionné des dommages psychologiques irréparables. Cette fillette de neuf ans, par exemple, du côté d'El Hachimia[35], violée puis assommée avec un manche de hache ou cette autre, âgée de seize ans et vêtue de *hijab* lors de son rapt, gardée en otage deux mois durant et qui ignorait tout de son état. Elle sera retrouvée sur une piste déserte, complètement égarée, errant telle une folle et ne soupçonnant même pas qu'elle portait un enfant. Parmi les premières victimes connues des viols collectifs, il y a cette épouse d'un imam, prêcheur de la localité de Mahalma[36], qui a été la proie, sous son propre toit, du groupe terroriste auquel son mari offrait

---

* Mariage de jouissance.

le gîte et le couvert. Le nombre de viols est difficile à établir en raison des tabous qui pèsent sur la question et de la peur de nouvelles représailles, en particulier en zone rurale. Les sources officielles indiquent que le nombre de femmes enlevées et non retrouvées, originaires pour la plupart de localités rurales [37], se montait à trois cents environ en 1996, chiffre qui est certainement largement dépassé. C'est Ali Benhadj, numéro 2 du FIS, qui ouvre la voie à l'enlèvement et au viol des femmes en réactualisant, en juin 1991, une *fetwa** prononcée par le théologien Ibn Taymia au IXe siècle, une *fetwa* qui autorise les insurgés à s'emparer des biens de toute personne qui s'oppose à leurs desseins et à l'assassiner s'il le faut. Plusieurs chefs terroristes s'approprient donc la *fetwa* de Benhadj et diversifient le butin du *djihad* en y incorporant les femmes.

Les préparatifs de l'action armée s'accélèrent en 1991 et découlent logiquement de la résolution en 21 points adoptée au printemps 1991 par la direction du FIS qui affiche déjà publiquement l'éventualité du recours à la lutte armée. C'est aussi la dérive fatale du discours islamiste et en particulier l'appel au stockage des armes et des explosifs lancé par Benhadj le 21 juin 1991, les menaces de «guerre sainte contre l'armée» proférées par Abassi Madani le 28 juin. Fin août 1991, aux «assises de la fidélité», organisées à dessein à Batna, capitale des Aurès et symbole du déclenchement de la lutte armée de novembre 1954 contre le colonialisme français, les dirigeants du FIS reconduisent la résolution de Abassi Madani et Ali Benhadj arrêtés le 30 juin. Lors de cette rencontre, la nouvelle direction du FIS décide de participer aux élections législatives du 26 décembre sans

---

* Décret religieux.

exclure l'alternative du *djihad* pour la conquête du pouvoir. L'option violente est confirmée le mois suivant par le président du bureau exécutif provisoire du FIS, Hachani, qui appelle à la désobéissance des militaires à l'occasion d'un sermon prononcé dans une mosquée de la banlieue d'Alger. Arrêté le 28 septembre, un mois plus tard il bénéficie d'un non-lieu. C'est une période où les tractations politiques entre Chadli et les islamistes vont bon train. Tirant parti des desseins cohabitationnistes d'un Chadli fragilisé, défaillant et jouant alors la carte de l'«islamisme modéré», Hachani est partie prenante de tractations occultes sur la levée de l'état de siège avant terme qu'un communiqué de la présidence de la République annonce le 22 septembre. Les autorités militaires en charge de l'état de siège, qui, semble-t-il, n'ont pas été consultées sur la décision, apprennent la nouvelle par le journal télévisé de 20 heures. L'état de siège levé avant la date prévue, Chadli fixe aussitôt, le 15 octobre, la date des élections dans un contexte où les structures de la guérilla islamiste sont prêtes et ne tardent pas à passer à l'action. Le 29 novembre, c'est la localité de Guemmar[38] qui sort tragiquement de l'anonymat tandis que la veille, à Alger, des islamistes tiraient sur les forces de l'ordre dans la commune de Kouba. À Guemmar, c'est un commando de l'aile armée du FIS, le Mouvement islamique armé, composé d'une quarantaine de personnes qui attaque le poste frontalier. Le crime signé Tayeb El Afghani est d'une cruauté hallucinante : trois soldats sont achevés et émasculés à la hache et l'arme blanche. Le 17 décembre, le chef de la quatrième région militaire révèle que huit cents jeunes de la région d'El Oued avaient reçu une «formation idéologique au Pakistan et en Afghanistan, et un entraînement aux techniques de guérilla». Il fait part également de ses soupçons sur l'existence d'«ateliers de fabrication d'explosifs, de poudre» dans d'autres régions et insistera sur le risque «d'autres actions de violence (...), des actions de terrorisme individuelles et collectives, des sabotages et des atteintes aux personnes et aux biens [39]». Les événements lui donnent rapidement raison. La veille même de ces révélations, onze islamistes appartenant à un mouvement armé sont arrêtés à Blida [40]. Le 23 décembre c'est le poste de gendarmerie de la localité de Beni Mered [41] qui est attaqué et le lendemain, soit le jour même où Chadli confirme qu'il est prêt à cohabiter avec un gouvernement FIS, les forces de l'ordre essuient des tirs à Alger. Enfin, la veille du 26 décembre 1991, date des élections législatives, un véhicule militaire est mitraillé à Bordj El Kiffan [42].

Les bonasses, les éternels ingénus ou ceux qui veulent passer pour tels sont les seuls à ne pas relever la gravité de ces actes terroristes qui devancent l'annulation des élections législatives de 1991. Le terrorisme précède même le scrutin municipal de juin 1990 puisque six mois plus tôt, le 16 janvier, un groupe d'islamistes attaque le tribunal de Blida et commet le premier assassinat, celui de Benyada Hocine, un gendarme qui rendait les honneurs. Cette action se déroule quelques mois après l'avènement du multipartisme et la légalisation du FIS (septembre) qui porte déjà la violence comme la nuée porte l'orage.

Ces événements, et d'autres encore, sont insignifiants pour les experts de l'Algérie qui prennent soin de les occulter, comme le fait régulièrement José Garçon de *Libération* qui s'acharne à duper l'opinion jusqu'à ce jour en écrivant que le mouvement islamiste «n'avait pas prévu d'avoir à affronter le régime les armes à la main[43] ». Or, la rapidité exceptionnelle avec laquelle le terrorisme inaugure la boucherie à grand spectacle quelques jours à peine après l'arrêt du processus électoral (11 janvier 1992) témoigne incontestablement d'une préparation de longue date. De surcroît, la signature des premiers attentats est significative de professionnels du crime comme le démontrent certaines embuscades sanglantes tendues aux policiers et aux gendarmes dans différentes villes[44] et la véritable boucherie perpétrée à l'Amirauté d'Alger où des militaires sont égorgés dans leur sommeil.

Les contours du Mouvement islamique armé (MIA) étaient déjà conçus et organisés dès 1980. La structure comprenait quatre directions dont un responsable chargé de la coordination de l'ensemble : finances, politique, renseignement et militaire, cette dernière étant assurée par Bouyali secondé par deux adjoints. Deux branches prolongeaient l'organisation à l'ouest du pays, l'une située à Sidi Bel Abbès[45] et l'autre installée à Oran et dirigée par Kerrar Mohamed, un des futur membres fondateurs du FIS. Bouyali succombe dans un guet-apens qui lui est tendu en 1987 dans la zone de Larbâa (Blida) après avoir attaqué l'école de police de Soummâa (Blida) et donné l'assaut à une entreprise où il dérobe quatre-vingts millions de centimes.

À l'époque, cet épisode permet à une fraction radicale de l'islamisme de conclure que la voie armée n'est pas la meilleure pour la prise du pouvoir, que les conditions d'une telle option ne sont pas encore mûres. La priorité, temporairement, est donnée à l'infiltration, à l'endoctrinement, au quadrillage du corps social et à l'entrisme dans les appareils de l'État, et l'aile radicale se présente avec l'ensemble de la mouvance intégriste comme un mouvement révolutionnaire décidé à renverser l'ordre établi.

Censée incarner la puissance publique, l'administration municipale est désormais un serpent que l'État allaite en son sein, une fortification avancée de l'islamisme, un contre-pouvoir qui consolide davantage le FIS. Mais ce n'est pas l'avis du gouvernement réformateur FLN qui se persuade que le FIS se consume au contact de la gestion communale. Les réformateurs sont gouvernés par cette idée du fiasco inéluctable et imminent des élus du FIS que le ministre du Commerce, Goumeziane, résume parfaitement d'ailleurs. Les maires FIS, écrit-il, exaspèrent la population par «les erreurs et les injustices, notamment dans l'attribution des logements ou des parcelles de terrain», ce qui, déduit-il, crée un mécontentement grandissant et une situation qui, à court terme, «joue en faveur des réformateurs[46]». Son opinion n'est pas bâtie sur de vagues spéculations mais, à lire ce qu'il écrit, sur des faits précis observés par lui-même et ses collègues du gouvernement lors de déplacements dans le pays qui avaient révélé, paraît-il, l'engouement croissant du peuple pour les réformateurs : «Ainsi, les contacts répétés de Mouloud Hamrouche, le chef du gouvernement, et de certains de ses ministres avec la population, en particulier dans les zones de pauvreté et dans les préfectures gagnées aux élections par le FIS, suscitent une adhésion de plus en plus sensible aux réformes entreprises.» Le degré de lassitude et d'hostilité des citoyens vis-à-vis des élus du FIS lui paraît tel qu'il en arrive à établir : «Dans certaines communes FIS, la population va elle-même jusqu'à demander le départ de ceux qu'elle a élus quelques mois auparavant[47].» Passons sur le génie et la crédulité d'un gouvernement de la République qui prétend connaître la température de la société et l'état d'esprit réels des gouvernés à partir de témoignages grappillés à l'occasion de visites officielles. Lâchant la proie pour l'ombre, les réformateurs s'échinent sur l'économique quand le FIS, lui, fait de la politique.

Benhadj et Madani n'avaient que faire de leur programme et de leur promesse d'embellissement du « cadre de vie », d'autant que leurs troupes étaient résolues à faire abstinence des années s'il le fallait une fois l'État islamique instauré. Pour bâtir l'utopie que prédisait le FIS, les militants acceptaient privations et sacrifices car l'idéal était alors pour eux de se réserver dès ici-bas une place de choix dans l'au-delà. Pour aller au paradis ils étaient prêts à ne pas voir de leur vivant la réalisation du projet de Abassi Madani qui promettait de « rendre le Sahara aussi vert que la Californie ». Alors que le gouvernement souhaitait une cohabitation pour le succès de son programme, le FIS revendiquait tout le pouvoir, rien que le pouvoir et sans partage. Comme Mussolini dans sa marche pour la conquête du pouvoir, le FIS se moquait superbement des programmes économiques et sociaux et s'appropriait de manière quasi instinctive ces paroles que tenait le Duce en 1922 : « On nous demande : Quel est votre programme ? Notre réponse est simple : Nous voulons gouverner l'Italie ! On parle de programmes. Il y en a trop ! »

Dans ce contexte de menace islamiste croissante, la majorité de la classe politique algérienne et la plupart de ceux qui font l'opinion versent dans les mêmes travers que le gouvernement. Dans un premier temps, de 1989 à 1991, on assiste à une sous-estimation frappante, feinte ou sincère, de la stratégie d'encerclement et d'étouffement de la société mise en œuvre par le FIS. Dans une deuxième phase, de l'hiver 1992 au prin-

temps 1993, c'est la dimension du phénomène terroriste qui est tragiquement mésestimée.

Face à l'entreprise d'encerclement de la République
qui s'amplifie depuis le scrutin municipal, quelques partis et des forces de la société civile naissante essaient de
faire front. Certaines autorités locales tentent de résister comme elles peuvent, comme ce sous-préfet de
Frenda faisant barrage aux islamistes qui tentent de le
destituer en 1991 et lance à la population : « Si Frenda
tombe, c'est toute l'Algérie qui tombera[48] ! » Mais que
peuvent faire la société et des commis de l'État loyaux,
livrés à eux-mêmes, lorsque les premiers responsables de
l'État central ne sont pas solidaires, lorsque Chadli et
son chef de gouvernement cèdent du terrain au FIS et
sont dans les faits démissionnaires ? Les menaces qui
planent sur les institutions de la République et les dangers qui guettent la démocratie naissante sont superbement ignorés par la quasi-totalité de la classe politique.
Alors que l'administration communale et les mosquées
sont instrumentalisées et deviennent les brasiers de la
subversion et de la sédition islamistes, le 1er novembre
1990, le président de la République persiste dans la
politique de l'autruche et arrête la date des élections
législatives pour le premier trimestre 1991, consultation
qui sera reportée au 27 juin 1991 à la suite de réserves
exprimées par la hiérarchie militaire algérienne. En
1996, dans son témoignage sur cette période et celle qui
précède les législatives de décembre 1991, le général
major en retraite Khaled Nezzar, à l'époque ministre de
la Défense nationale, écrit : « L'armée, par voie de rapports, n'avait pas manqué de mettre en garde contre les
dangers d'élections législatives anticipées ou même à
terme échu (...) Des démarches furent faites auprès du
président de la République, en décembre 1990, après

l'annonce, le 1er novembre, de la tenue d'élections pour le premier trimestre 1991, lesquelles devaient être reportées au 27 juin 1991. » À propos des élections législatives à nouveau reportées à la date du 26 décembre 1991 et que le nouveau gouvernement Ghozali promet « propres et honnêtes », l'armée intervient également « auprès du chef du gouvernement en septembre-octobre 1991, avant la convocation du corps électoral », confie Nezzar qui ajoute : « Il apparaissait nettement alors que la tenue d'élections honnêtes et libres demeurait une illusion. » Lors de ses multiples démarches auprès du Président et du chef du gouvernement, l'armée prévient que les conditions ne sont pas réunies pour trois raisons que Nezzar expose ainsi : « L'administration municipale des communes n'observait pas la neutralité dans la préparation électorale. Les mosquées n'étaient pas soustraites réellement à l'action partisane et factieuse. L'autorité des pouvoirs publics n'était pas restaurée sur les grands établissements publics et les services décentralisés de l'État[49]. »

Durant cette phase de quadrillage de la société, la majorité de la classe politique baigne dans la béatitude ou/et la complicité en laissant entendre que le FIS est un parti fréquentable, qu'il n'est qu'un simple épouvantail. En avril 1991, à un mois de la grève insurrectionnelle du FIS, au journaliste qui lui demande ce qu'il pense de la position du Parti de l'avant-garde socialiste (PAGS), seul à réclamer l'interdiction des partis islamistes anticonstitutionnels dont le FIS, Bouaâkba, membre du bureau politique du FLN, répond : « Au plan moral, le FIS a apporté une certaine contribution pour la moralisation de la société » même si, reconnaît-il, « le bouchon a été poussé trop loin ». Bonasse ou craignant que sa dernière observation ne provoque les

foudres du FIS, il se ravise sur-le-champ pour rassurer :
« Nous voulons mettre ces dépassements sur l'inexpé-
rience et l'enthousiasme du début de l'exercice de la
pratique démocratique [50]. » Allégresse et maladresse de
néophytes, les violations quotidiennes des lois ?
Dépourvus de morale, les trois cents imams de Tipaza
et de Chlef réfractaires au fascisme et chassés des mosquées ? Simple étourderie, les explosifs dérobés ? Dans
sa tentative de séquestration du pouvoir, le FIS se sou-
cie de la légalité comme de l'an quarante et en réalité
ce dirigeant FLN crypto-intégriste est un piètre appa-
ratchik qui tente de berner l'opinion publique. L'heure
est en effet aux signaux et aux promesses, déjà bien
avancées, d'allégeance des *barbéfélènes**, ces convertis
de facto aux thèses de Abassi Madani. C'est dans cette
voie lamentable que se faufile naturellement le cireur de
pompes du régime Chadli, Belkhadem, président de
l'Assemblée nationale. Fidèle à lui-même, courbant
l'échine jusqu'à s'aplatir, c'est l'apologie de son nouveau
maître que fignole cet autre *barbéfélène* en n'hésitant pas
à déclarer, toute honte bue, que le « FIS est attaché aux
valeurs de novembre 1954 [51] », c'est-à-dire que ce parti
fasciste est dévoué aux valeurs de la lutte pour l'indépendance, qu'il est donc un héritier du novembrisme.
   Ben Bella, qui confie, à qui veut l'entendre, être
revenu de sa lune de miel avec Khomeiny, ne semble
nullement inquiet de la dégradation du climat politique

---

   * Le néologisme barbéfélène (FLN + barbe) est à l'origine
le titre d'un éditorial de l'hebdomadaire *Révolution africaine*,
organe central du FLN, dirigé à l'époque par une rédaction
anti-intégriste. Le terme brocarde les responsables du FLN
idéologiquement acquis à l'islamisme politique et qui pactisent
ensuite avec le FIS.

car, s'exclame-t-il, c'est « le pouvoir [qui] agite le spectre de l'intégrisme[52] ». Ces propos sont parfaitement enregistrés par la direction départementale (Tlemcen) de son parti, le MDA, qui, deux jours plus tard, s'associe à cinq partillons[53] signataires d'une déclaration commune dans laquelle ils s'attaquent violemment au préfet du département de Tlemcen dénoncé pour avoir suspendu le maire FIS de la ville et infligé un avertissement à six autres des communes FIS voisines qui venaient d'usurper des locaux de la collectivité et de supprimer du fronton des mairies la devise de la République qu'ils avaient remplacée par celle de leur parti : *baladia islamia*. L'un des rares représentants de l'État à veiller au respect de la loi est dénoncé, alors que le FIS, qui la transgresse, est épaulé. On croit rêver ! Aït-Ahmed, pour sa part, visiblement peu satisfait de l'approche spectrale préconisée par Ben Bella à propos du FIS, s'illustre à son tour en proposant une définition non moins fantomatique du parti de Abassi Madani. C'est à ce personnage imaginaire que l'on contait autrefois aux enfants afin de se faire obéir que le leader du Front des forces socialistes compare l'aile marchante de l'islamisme : « Le FIS ? un croque-mitaine[54] ! » fanfaronne-t-il au lendemain du mouvement insurrectionnel de mai-juin 1991 qui faillit plonger le pays dans le chaos sans la promulgation de l'état de siège. Donc, un piteux épouvantail ce parti auquel obéissent au doigt et à l'œil huit cent cinquante-trois assemblées populaires communales et trente-deux assemblées départementales dont les élus contestent l'autorité des préfets et abolissent les principes constitutionnels.

Les rebouteux de l'intégrisme

Dans les rangs de l'écrasante majorité des démocrates algériens et en particulier des intellectuels, mars 1993 a provoqué un véritable choc, le second après le coup de tonnerre causé par l'annonce des résultats des élections législatives de décembre 1991. En quarante-huit heures, trois personnalités sont assassinées : Hafid Senhadri, Djilali Liabès, Laâdi Flici*. L'émotion est alors à son comble. Quelques semaines plus tard, c'est au tour de Djaout, de Boucebci et de Boukhobza**. Porteurs des

---

* Senhadri : cadre supérieur, membre du Conseil consultatif national institué par Boudiaf, fondateur et animateur avec Benhamouda du Comité national de sauvegarde de l'Algérie institué au lendemain du premier tour des législatives de décembre 1991. Liabès : sociologue, directeur de l'Institut national des études de stratégie globale (INESG), assume alors la coordination de la commission «Algérie horizon 2015» instituée par le Haut Comité d'État, ministre des Universités et de la Recherche scientifique de juin 1991 à juillet 1992. Flici : médecin, membre du Conseil consultatif national.
** Djaout, écrivain et rédacteur en chef de l'hebdomadaire *Rupture*. Boucebci, psychiatre. Boukhobza, sociologue, membre du Conseil consultatif national, assure la coordination de la commission «Algérie, horizon 2015» après l'assassinat de Liabès.

valeurs universelles de démocratie et de tolérance, ils appartenaient à cette intelligentsia algérienne résolument tournée vers le progrès et le modernisme. Ils succombent à la folie meurtrière du bras armé du FIS qui inaugure en ce mois de mars ce que l'on appelle déjà l'«intellectocide».

Dans l'opinion démocratique, ce mois de mars 1993 débouche sur des changements et un élargissement de la prise de conscience des dangers qui pèsent sur le pays et sur la vie de chacun, mais la prise de conscience qui se manifeste n'est pas intégrale, elle est inégale, contradictoire et pas nécessairement politique. Une fraction importante des intellectuels émet encore des doutes sur l'origine des crimes, les commanditaires et les exécutants. Le terrorisme n'est pas considéré par tous comme la manifestation criminelle du bras armé de l'islamisme. Nombreux sont ceux qui ne le croient pas, ou feignent de ne pas le reconnaître et donc hésitent ou refusent d'attribuer les crimes au FIS. C'est là, de nouveau, comme à la veille du scrutin de décembre 1991, l'un des drames de ces milieux que d'aucuns considèrent comme l'élite de la «société civile». Toutefois, mars reste quand même un tournant car, jusqu'au printemps 1993, bien qu'inquiets, nombreux étaient ceux qui pensaient encore qu'il ne s'agissait que d'un face à face terroristes-pouvoir et qu'ils étaient donc relativement, sinon totalement pour certains, à l'abri. De fait, à l'exception de l'attentat «aveugle» de l'aéroport d'Alger de l'automne 1992 et de l'assassinat de trois militants de partis politiques, les forces de l'ordre et l'armée restaient les cibles privilégiées du terrorisme. Les leaders du FIS s'étaient d'ailleurs fixé cet objectif en le chiffrant publiquement : mille policiers à abattre.

Le trouble qui caractérise les milieux intellectuels au

début de l'«intellectocide» se mue, au début de l'été, en suspicion. Le doute sur l'origine des crimes devient patent avec, par exemple, l'appel d'intellectuels algériens qui décident de mettre sur pied un Comité de la vérité sur l'assassinat de Tahar Djaout. La meilleure preuve de l'ambiguïté qui traverse le Comité de la vérité est tout simplement le contenu de son texte fondateur [1]. L'appel évoque invariablement le «parti du crime», les «forces du crime» ou «mafieuses», sans autre précision et prend soin de ne pas désigner nommément le FIS. Sur les quatre cent quarante-quatre mots que contient le texte, pas une fois les termes islamisme ou intégrisme ne sont prononcés et l'impasse est totale sur le combat de Djaout dont ces intellectuels se revendiquent : la défense de la République menacée par l'État théocratique. Quelques semaines plus tard, les aveux d'un terroriste sur son implication dans le meurtre de l'écrivain ne modifient pas la position du Comité de la vérité qui, en le désignant comme un simple «lampiste», fait d'une pierre deux coups : il alimente le trouble, déjà grand, d'une partie de l'opinion et innocente objectivement l'intégrisme.

Dans le drame que traverse l'Algérie, il est, certes, tout à fait possible que dans certains cas des groupes ou même des individus à titre personnel aient agi sous couvert du terrorisme islamiste, encore que personne, à ce jour, n'en ait fourni la preuve. Si tel était le cas, ces actes ne feraient que corroborer une caractéristique essentielle de toute l'histoire du terrorisme : il n'est pas et n'a jamais été, nulle part, un phénomène absolument pur. Ce qui est, en revanche, indiscutablement établi, c'est le fait que le meurtre, comme moyen de régler les différends politiques, a bien été instauré par le FIS. Si la méfiance fait partie du bon droit de chacun, comment expliquer les proportions qu'elle a fini par prendre dans certains milieux intellectuels ? Quand bien même il paraît difficile d'épuiser la question, on peut toutefois avancer des éléments de réponse.

Il faut rappeler qu'en novembre 1991, le soupçon était déjà présent dans certains cercles à la suite de l'abominable mutilation des sentinelles du poste frontalier de Guemmar, aux cris de *Allah Akbar*. Certains n'ont pas hésité à retenir l'hypothèse d'une mutinerie au sein de l'armée ou d'un acte commis par les militaires, version que tentera d'accréditer ensuite le leader islamiste Hachani, lors d'un meeting à Constantine à la veille des élections. La suspicion de ces milieux intellectuels et le fait qu'ils ne perçoivent pas et/ou s'interdisent de voir le terrorisme islamiste en tant qu'expression radicale d'une vaste entreprise de contre-révolution de masse relèvent en partie d'une méfiance obsessionnelle vis-à-vis de l'institution militaire. D'autres préfèrent choisir la position confortable qui consiste à renvoyer dos à dos l'armée et le terrorisme islamiste — la thèse de l'« étau », une variante du « ni ni » — comme ces intellectuels algériens et français signataires d'une déclaration, publiée par *Le Monde* le 26 mars 1994, où l'on pouvait lire : « La violence vient de toute part. Les terroristes islamistes et mafieux, les gangsters et les voyous de tous acabits règnent en maître dans le pays. Leur répond une répression féroce, qui accroît à son tour le nombre de victimes, sans que personne ne propose la moindre perspective politique crédible et mobilisatrice. » En 1995, quand une perspective politique s'ouvre clairement avec l'annonce de l'élection présidentielle, les « mortellement démocrates » décident de se placer au-dessus de la société et de s'attribuer la fonction de procureur. De France, à deux mois de ce scrutin, linguistes, historiens, juristes et romanciers algériens prononcent un réquisitoire où tout le monde est pris à partie et mis devant ses responsabilités[2]. Prenant à témoin l'Algérie, la planète, l'Histoire et tutti quanti, ils décrètent péremptoirement à l'adresse du «gouvernement et de l'armée, des groupes islamistes armés et de leurs commanditaires politiques, des partis politiques et des organisations syndicales ou associatives» qu'ils «doivent tous savoir que leurs activités seront évaluées par tous à l'aune de cet impératif : la cessation des tueries et le retour à la paix civile». La belle affaire! Une fois la paix retrouvée, l'Histoire se chargera de voir à quelle aune devront être évaluées les positions des uns et des autres et notamment celles de ces intellectuels qui, au plus fort de la vague terroriste, ont exigé de l'armée qu'elle monte au créneau et simultanément ne se sont jamais lassés de lui cracher dans le dos.

Comme il est aisé d'avoir aujourd'hui ce beau rôle que Abderrahmane Chergou avait pressenti dès le 26 décembre 1991. Le jour des élections législatives, dans un article intitulé «Non au piège!», il avait eu cette prémonition terrible : «Que feront les démocrates? Je suis de plus en plus tenté de les enfermer dans des guillemets. Enverront-ils à partir de l'Europe leurs "condoléances attristées" aux familles des patriotes que liquidera l'intégrisme[3]?» L'ancien officier de l'Armée de libération nationale qui avait quitté les bancs du lycée pour rejoindre le maquis en 1958 ne s'est jamais résigné à l'idée que son combat pour l'indépendance puisse être kidnappé par des mollahs. Du novembriste, qui nous laisse quelques fragments de mémoires et ses espoirs dans *Demain reste à faire*, la presse algérienne écrira le 29 septembre 1993 : «la mort d'un juste». La veille au matin, de retour à son domicile, journaux et baguette de pain à la main, il avait été assassiné à l'arme blanche par les bouchers du FIS dans la cage d'escalier de l'immeuble.

La suspicion est aussi indirectement le produit des opinions et discours abstraits qui perdurent sur les «masses», les «frères», les «enfants du quartier», le peuple valeureux, tous par essence vertueux. Certains, arguant du caractère populaire de la base du FIS, considèrent que la crise relève d'un conflit de classe, d'une révolte des pauvres contre la bourgeoisie. À supposer que telle soit la signification de la crise, ils ont, bien que férus de culture révolutionnaire française et des classiques de la lutte des classes, oublié les rudiments de la révolution, par exemple cette recommandation de Jaurès : «Il ne suffit pas, pour qu'un mouvement soit populaire, que le peuple y soit mêlé (…), il faut que ce mouvement et cette agitation aient pour but l'affranchissement du peuple. (…) Combattre la bourgeoisie au profit du passé est réactionnaire[4].» Chacun a lu ses classiques comme il a pu.

Frappée d'amnésie, copieusement nourrie de populisme, cette intelligentsia refuse d'admettre que l'histoire des sociétés est jalonnée de situations propices à l'endommagement de la raison, de moments d'épouvantables régressions où, comme l'écrivait Brecht, «le crétinisme avec des moyens adaptés peut être organisé sur une grande échelle à tel point que l'homme peut apprendre que $2 + 2 = 5$».

L'idée que des Algériens puissent en assassiner d'autres pour des raisons politico-idéologiques est difficilement admise dans les milieux les plus larges, y compris au sein des plus hautes autorités du pays. Quelques jours après la série d'assassinats de mars 1993, le ministre de l'Intérieur Hardi (gouvernement

Abdesslam) déclarait : « Dès le moment où le sang des Algériens coule quotidiennement, il ne me quitte jamais l'esprit que ces terroristes sont aussi des Algériens. Ceci personnellement je ne l'oublie jamais[5]. » Ces propos bienveillants et ultra-conciliants à l'égard de criminels sont tenus la veille de manifestations gigantesques contre le terrorisme qui se déroulent sur tout le territoire algérien. Tragique illusion d'un ministre magnifiant l'être algérien ! Si cette idée ne quitte jamais son esprit, s'il n'oublie jamais que ce sont d'abord des Algériens, ses propos ne parviennent pas à amadouer pour autant lesdits Algériens. L'intégrisme non plus n'oublie jamais. Alors qu'il n'était plus ministre depuis trois ans Hardi est abattu froidement. Il n'était pourtant pas absolument irréaliste, lui qui confiait après sa nomination à la tête de l'Intérieur : « En prenant des responsabilités dans les conditions actuelles, on accepte de mourir[6]. »

Bien entendu, les soupçons sur l'origine des actes terroristes n'ont pas épargné l'Hexagone, épargné n'est d'ailleurs pas le terme adéquat dans la mesure où la suspicion est souvent, sinon systématiquement, déclenchée et entretenue par la presse parisienne. Le doute sur l'implication des islamistes dans les actes terroristes, latent dans un premier temps, devient, à partir de l'année 1994, la règle d'or des médias, des experts et même de certains hommes politiques français. Ce doute est entretenu y compris lorsque le terrorisme signe publiquement ses actes comme en août 1994 après l'assassinat de trois gendarmes et de deux agents consulaires français dans leur résidence d'Alger. Le 5 août, deux jours après le crime, promptement revendiqué par le GIA, le présentateur du 20 heures de France 2 tergiverse toujours et commente perplexe et incertain :

« C'est une revendication qui semble relativement crédible. » En 1997, Grandguillaume, dans *Le Monde
diplomatique*, persiste et signe en écrivant : « Les récents
attentats à la voiture piégée dans des quartiers populaires d'Alger favorables aux islamistes ont pu être attribués à la Sécurité militaire[7]. » Fidèle à lui-même, *Le
Monde* éditorialise sur la question : « Dans l'un et l'autre
camp, la férocité est la règle : la terreur est le lot d'une
population qui ne sait plus trop quel groupe rendre responsable de son malheur : GIA, milice d'autodéfense,
unités opérant clandestinement[8]. »

Il faut tout de même rendre à César ce qui est à
César, car dans le concert médiatique tout ce beau
monde a été largement précédé par la journaliste José
Garçon, de *Libération*, qui récitait, dès 1993, la séré-
nade à sa façon : « Certaines fractions des services de
sécurité (…) pour discréditer les islamistes et faire basculer la population dans la lutte contre le terrorisme,
pour casser toute possibilité de dialogue ou justifier un
durcissement (…) semblent jouer la politique du
pire[9]. » Sur l'attentat de l'aéroport d'Alger d'août 1992
elle persiste à écrire en 1995 : « Nombre d'observateurs
non suspects de sympathies islamistes s'accordent à
voir la marque des services de sécurité[10]. » Fin janvier
1997, cela devient plus inquiétant car c'est Lionel
Jospin qui se joint à l'homélie en déclarant dans les
colonnes de *Libération* : « L'opacité absolue dans
laquelle est menée la répression prête au soupçon de
provocation de certains acteurs de la sécurité algérienne[11]. » Bref, chaque attentat, à Alger ou à Paris, est
suivi systématiquement de toutes sortes d'hypothèses
propageant la thèse de manigances, directes ou indi-
rectes, des services secrets algériens au profit de franges
du pouvoir d'Alger.

Dans le même ordre d'idée on alimente et on popularise la thèse de l'«étau» comme le fait *L'Humanité*. Après la série de carnages de septembre 1997, ouvrant ses colonnes à «un point de vue», le quotidien du PCF donne la parole à un écrivain-journaliste qui s'apitoie sur le peuple martyr, coincé entre «un pouvoir en place» et «un parti interdit constitué en brigades sanguinaires qui propose ses bons offices», un peuple, poursuit l'auteur, pris «entre les mâchoires d'un étau qui se resserre encore, ne resterait-il qu'une bouillie de peuple [12]». La thèse est si fortement ancrée dans les consciences que le comité national du Parti communiste français publie au même moment un communiqué dans lequel il annonce tout bonnement qu'une délégation du PCF «se rendra prochainement en Algérie afin de rencontrer l'ensemble des forces de résistance dans ce pays puis de rendre publiquement compte à son retour [13]». Le PCF, qui a longtemps «flotté» au début de la crise algérienne, publie un texte laconique qui déborde d'ambiguïté et qui exhale de vieilles et détestables odeurs de paternalisme. En effet, que sous entend-il par l'«ensemble des forces de résistance»? Englobe-t-il les autorités algériennes et, si tel est le cas, pourquoi n'utilise-t-il pas le vocabulaire adéquat? Pense-t-il que les autorités chargées de la lutte antiterroriste n'assument pas leurs responsabilités et qu'il faut donc vérifier cela auprès des seules «forces de résistance», c'est-à-dire celles qui sont en dehors de l'État?

Les milieux médiatiques ont d'abord commencé par cultiver le doute puis, crescendo, sans la moindre preuve, la suspicion a cédé la place aux certitudes. «Qui assassine les journalistes?» demande Reporters sans Frontières dont les propos haineux sur les autorités algériennes dépassent l'entendement. La réponse ne souffre d'aucune ambiguïté : « le pouvoir », soutient RSF. Son système d'accusation est une mixture désespérante dans laquelle RSF accuse sur la base de commodes allégations glanées auprès de journalistes algériens qui « admettent en privé » que « le pouvoir est à l'origine de certains assassinats ». Bien entendu, seul RSF connaît ces journalistes car, poursuit-il, « tous déclarent craindre pour leur vie s'ils rendent publiques leurs informations ». Sans la moindre preuve mais sans hésitation, RSF va jusqu'à aligner noir sur blanc les noms de journalistes assassinés par le pouvoir et cite « Tahar Djaout, directeur de l'hebdomadaire *Ruptures*, Saïd Mekbel, directeur du quotidien *Le Matin*, Mohammed Abderrahmani, directeur du quotidien gouvernemental *El Moudjahid*, et Hamid Mahiout, du quotidien *Liberté*[14] ». Le FIS est évidemment disculpé, les groupes armés sont innocentés et RSF va au-delà de tout ce que le GIA pouvait imaginer en essayant d'accréditer l'idée que c'est le pouvoir qui tente de le diaboliser !

Quand, dans la nuit du 28 août 1997, les monstres fusillent, égorgent et brûlent cinquante-cinq hommes, autant d'enfants, vingt femmes et trente bébés de la localité rurale de Raïs[15] qu'ils incendient, on trouve encore à redire en émettant l'hypothèse d'une tuerie organisée par l'armée ou par des forces qui poussent les paysans à l'exode pour accaparer les terres fertiles de la Mitidja. Et, bien sûr, *Libération* ne rate pas l'occasion en osant écrire : « L'enjeu de certains massacres serait l'appropriation des terres les plus riches et fertiles du pays, où l'État projette d'importantes opérations immobilières[16]. » Singulière argumentation lorsqu'on sait que la plupart des massacres avaient été perpétrés jusque-là dans les zones montagneuses et de steppes ! Les témoignages des survivants du carnage sont naturellement contestés et l'opinion publique française est invitée à la plus grande prudence par Jean Hatzfeld qui écrit dans la même édition : « Quelle que soit la véracité de ces récits [ils sont] recueillis auprès de personnes traumatisées et peut-être manipulées. »

Ce type de discours a été systématisé par nombre de politologues, notamment de l'université d'Aix-en-Provence [17], dont François Burgat et Bruno Étienne. Burgat s'essaye à cet exercice soit au moyen d'anecdotes soit par de fumeuses théorisations. Il peut accuser le pouvoir algérien de tous les crimes en s'appuyant sur les « révélations », confiées sous le sceau de l'anonymat, par quelques policiers fraîchement débarqués en France et, selon lui, fatalement dignes de foi. D'ordinaire soupçonneux, il s'abandonne entièrement à ces confessions et n'envisage même pas que ces hommes puissent convoiter un statut de réfugiés. À partir d'assertions invérifiables, Burgat soutient que l'État assassine ses propres protecteurs : « Des dizaines de policiers, choisis parmi les fonctionnaires particulièrement populaires dans leurs quartiers respectifs, auraient été abattus par les soins de la Sécurité militaire [18]. » Mais quel est le mobile du crime ? La réponse de Burgat fuse : « Pour choquer, révolter les gens. »

Ne craignant aucun obstacle, ce spécialiste poursuit son feuilleton en attribuant à l'armée les incendies de dizaines d'entreprises publiques. Comment donc ? diront le premier venu ou les tenants de la thèse de la rente pillée précisément par la nomenklatura militaire. À quelle logique répond cet État-patron qui brûle ses propres entreprises, celles qui l'engraissent et l'enrichissent ? Pourquoi tuer la poule aux œufs d'or ? En homme averti, Burgat a réponse à tout; il en donne la preuve avec assurance. Ces usines, dit-il, « allaient subir une évaluation financière avant privatisation ». Voilà une mise en œuvre radicale du programme d'ajustement structurel que le FMI, pourtant spécialiste des thérapies de choc, n'a jamais envisagée. Burgat a réussi au moins une chose : rassurer le Fonds monétaire international sur la détermination du gouvernement algérien d'appliquer les restructurations quel qu'en soit le prix !

Burgat n'en reste pas là et montre tout son savoir-faire lorsqu'une bombe explose à Paris et tue des passagers sur la ligne du RER Musée d'Orsay-Saint-Michel. Le politologue intervient dans le débat sans délai : « Pas plus aujourd'hui qu'au mois d'août, la certitude n'est de mise pour désigner les auteurs de l'attentat. » Il assène ses certitudes en transposant instantanément à Paris le verdict qu'il a établi pour les attentats d'Alger. Il évacue l'hypothèse de la piste islamiste et flaire sur-le-champ, instinctivement, la trace de « provocations policières », car, clame-t-il, « la capacité de manipulation des groupes armés par les services algériens est aujourd'hui solidement établie [19] ». Depuis longtemps, il a pointé un doigt accusateur sur le pouvoir et ne se lasse jamais de dédouaner l'islamisme. Il va jusqu'à se porter garant de la virginité du FIS et de l'innocence du GIA en témoignant que les crimes sont « régulièrement dénoncés par le FIS et, une fois au moins, par le GIA, qui semble s'être démarqué de l'assassinat des deux religieuses espagnoles [20] ».

Quand les groupes islamistes revendiquent les attentats et qu'il devient ridicule et malaisé de mettre en cause l'armée, il trouve la parade en arguant de la légitimité du combat islamiste. Au besoin, il construit son

raisonnement en butinant abondamment dans les boni-
ments de Abdelhamid Mehri, patron du FLN, celui-là
même qui, à la tête du ministère de l'Éducation nationale, a participé à l'opération de décervelage de générations d'écoliers algériens jetés en pâture à l'islamisme.
En voici un échantillon : « Ce qui se passe en Algérie
est loin de relever du terrorisme : c'est un mouvement
de résistance qui a le soutien d'une partie de la population[21]. » Toutefois, Burgat est franchement ingrat avec
Mehri chez qui il puise ses vérités. Battant le rappel de
ce baron du système du parti unique et allié familial de
l'ex-président Chadli, il le cloue néanmoins au pilori
pour avoir « réprimé avec aveuglement et sauvagerie[22] »
les islamistes lorsqu'il était au pouvoir !

Dès lors que les preuves de l'implication des islamistes dans les attentats sont irréfutables et qu'ils en
revendiquent de plus en plus la paternité[23], Burgat
choisit de ne plus faire de fixation sur la question des
commanditaires du crime. Faute de pouvoir franchir
l'obstacle, il préfère le contourner. La question des
auteurs des attentats est désormais marginale car l'intérêt, dit-il, est de savoir à qui profite le crime. Les
assassinats, écrit-il, « vont se révéler très utiles au
régime » et aux militaires dans la mesure où « la violence
aveugle constitue pour eux un besoin politique vital ».
Si le « terrorisme islamique » — qu'il prend soin de
mettre entre guillemets ! — « se passerait volontiers du
terrorisme du régime, l'inverse est loin d'être vrai car
les militaires redoutent moins la violence des bombes
aveugles qui confortent leur rôle supposé de *gardien de
la paix civile* que celle des bulletins de vote susceptibles
d'attester l'ampleur de leur discrédit[24] ». Contrairement
au « terrorisme islamique, conclut-il, qui représente un
puissant mouvement populaire, le terrorisme de l'aile

radicale du pouvoir militaire n'est en revanche que le terrain de repli, la solution de désespoir, la dernière carte d'un régime abandonné non seulement par son électorat naturel mais par des bataillons entiers de ses propres cadres[25]. » Ce constat est établi en 1995, c'est-à-dire à la veille de l'explosion d'une autre bombe, en France et en Algérie : cette fois la déflagration est politique et elle met en lambeaux toutes ses prophéties puisque c'est Zeroual, un ancien militaire, « abandonné » comme il dit, que le peuple porte au pouvoir par les urnes.

Au moment de la série d'attentats perpétrés à Paris en 1995, Burgat revient à la charge avec un article intitulé « La recette du poseur de bombe » qui montre qu'il a étoffé son registre. Préoccupé par le risque d'égarements possibles des services de sécurité français, il donne des indications sur la piste à suivre : « Il est devenu urgent de nous atteler maintenant au démantèlement d'une autre filière, plus redoutable encore : non pas celle qui fabrique les bombes mais celle qui fabrique les poseurs de ces horribles engins de mort[26]. » Qui enfante les poseurs de bombes ? Avec quoi les fabrique-t-on ? questionne-t-il. Burgat divulgue alors le secret du procédé qui résulte, selon lui, de la combinaison de neuf matériaux dont il précise toutefois que chacune des substances suffit pour tuer. Voici la recette dévoilée aux lecteurs privilégiés de *Libération* dans les propres termes de l'auteur :

« 1) Fermez les yeux sur le coup d'État militaire, sur la barbarie du pouvoir (...).

« 2) Versez la manne européenne dans les poches de la junte militaire corrompue.

« 3) Rééchelonnez généreusement la dette extérieure d'un régime incapable de rembourser. Un régime dont les caisses sont vides pour avoir consacré toutes les ressources du pays à la répression et aux milices municipales "grassement" rémunérées.

« 4) Interdisez en France (…) la diffusion d'un livre témoignage de plusieurs centaines de victimes de la torture d'État.

« 5) Offrez les ondes et les caméras de l'audiovisuel aux affabulations de la "minorité extrémiste immigrée" complice du régime sanguinaire d'Alger et baptisée pour l'occasion "société civile".

« 6) Oubliez comme Juppé ou moquez-vous (…) comme Pasqua de la "naïveté" et de l' "angélisme" des partis signataires, avec le FIS, du contrat de Rome pourtant seule voie pour la restauration de la paix civile.

« 7) Continuez de vendre des hélicoptères "civils" et autres fourgons aux forces de l'ordre.

« 8) Expédiez au Burkina Faso tous ceux qui ont envoyé des médicaments aux vainqueurs du scrutin ou ceux qui ont une lecture de la crise algérienne "un tant soit peu différente de celle de Charles".

« 9) Choisissez les adeptes de la pensée de Charles pour représenter la communauté musulmane de France. »

Ainsi, au terme d'une lumineuse démonstration, le politologue nous livre, par ordre d'importance, non seulement le procédé mais en plus les fabricants et les poseurs de bombes soit : la junte militaire d'Alger, Charles Pasqua, Alain Juppé, Jean-Louis Debré, le rééchelonnement de la dette… De ce feuilleton ressortent ces incroyables affirmations : c'est l'arrêt du processus démocratique qui était au volant de la voiture piégée qui a déchiqueté soixante personnes devant le commissariat central d'Alger ! C'est l'élection présiden-

tielle qui découpe les villageois de la Mitidja à la tronçonneuse! C'est le rééchelonnement de la dette qui a
préparé l'attentat de la station de métro Saint-Michel,
a minuté et caché la bombe dans un cabas, puis l'a
transporté dans Paris pour enfin la dissimuler soigneusement sous un siège de la rame de métro! À ce jeu on
devrait même imaginer que Burgat est un politologue
et le supposer capable de raisonner sérieusement sur la
situation complexe et dramatique que vivent l'Algérie
et son peuple.

Devant les horreurs du GIA, tout en refusant de
prononcer le mot terroriste, certains analystes parlent
de moins en moins d'«opposition armée» ou de
«combattant de la foi». Dans un entretien au *Figaro*,
Bruno Étienne juge, sur le tard et en ayant recours à
un bel euphémisme, que le GIA est composé de
«voyous, qui ne sont ni des politiques ni des révolutionnaires [27]». Là n'est pas le plus important. Avec
d'autres spécialistes il est passé à une nouvelle phase.
Ces experts réfléchissent en effet aux solutions pour
recycler les groupes armés. Il prévoyait même, neuf
mois avant le scrutin, qu'à l'issue des élections législatives, les vainqueurs — «une alliance, entre ce qui
reste du FLN, ce qui reste du FIS et le Hamas», pré-
disait-il — «proposeraient des occupations aux petits
commandos». Il cite trois activités possibles : «Les
envoyer en Afghanistan pour les plus durs, les intégrer
dans l'armée ou dans des structures de quartier [28]»;
quant à ceux qui refuseraient un emploi, ils seraient
liquidés. Dans *Le Monde*, Tuquoi adhère plutôt à la
thèse de «l'éclaireur du destin du peuple algérien [29]»,
Benjamin Stora, qui pense que «le pouvoir est tenté
d'utiliser le rejeton du FIS et le destiner à la fonction

de police sociale pour faire passer les restructurations industrielles à venir [30] ».

Joyeuses perspectives promises aux Algériens ! Stora et Étienne parviennent à boucler la boucle pour nous ramener finalement à la case départ de 1989-91. Ne craignant pas le ridicule, ils considèrent donc que les groupes armés et leurs complices retrouveraient leur ancienne fonction, celle de miliciens islamistes. En 1997, les groupes armés reviendraient pour encadrer la population avec en sus une promotion dans leur étui ou leur fourreau. Les bénévoles de 1990 bénéficieraient désormais d'un emploi rémunéré par l'État pour services rendus à la République. Pour avoir été, entre-temps, des égorgeurs !

En 1995, Burgat posait la question : « Qui assumera demain le leadership politique au sud de la Méditerranée ? » Sans la moindre hésitation il donnait sa réponse et révélait son vœu le plus cher : c'est dans « les dynamiques islamistes, disait-il, que se dessinent les contours des forces qui dirigeront les sociétés arabo-musulmanes du XXIᵉ siècle ». C'est là que se trouve la « génération politique arabe montante », poursuivait-il, en exprimant son amertume : « Quel curieux pari la France fait-elle en se laissant enfermer dans l'impasse ? » Pourquoi soutient-elle « aveuglément ces anciens fellaghas » en fondant l'avenir de sa relation à ce pays sur la « capacité d'un régime déchu » qui se « maintient par la violence ». Implorant l'Occident de « reconnaître la légitimité » des « élites islamistes », le politologue demande à la France de « regarder l'histoire algérienne en face » et d'apporter son soutien à ces forces qui sauront gérer les relations nord-sud avec « talent », « efficacité » et sans intolérance [31].

Après avoir été, hier, les fidèles auxiliaires de

Khomeiny qu'ils ont célébré triomphalement lorsque, en 1979, la République française participait de Neauphle-le-Château à sa mise sur orbite, les missionnaires de l'islamisme considèrent aujourd'hui que l'instauration d'un régime intégriste en Algérie est une fatalité. Ces dernières années ont pourtant montré que l'Algérie ne sera ni l'Iran ni le Soudan et que l'intégrisme n'est pas un développement historique nécessaire. Pas plus que ne le fut le fascisme hier ou que ne doit l'être le lepénisme aujourd'hui. Ce ne sont ni les astres ni le *mektoub** qui ont fait don du FIS à l'Algérie mais un pouvoir politique qui a couvé l'islamisme et lui a permis de se doter de l'instrument politique qui lui manquait. Certains milieux intellectuels se sont ensuite chargés promptement de paver sa route. L'ampleur qu'a prise l'intégrisme à partir de 1989 a été largement facilitée par certains médias et des intellectuels démocrates qui se sont obstinés à lui frayer une partie de la voie par leur comportement flou et leur attitude flottante. Certains étaient nourris de démocratisme romantique alors que d'autres entrevoyaient de faire de l'Algérie un laboratoire de l'intégrisme pour expérimenter et valider leurs hypothèses.

Ce sont ces milieux qui ont fait preuve de bienveillance pour le FIS et ses séides. C'est de leurs rangs que sont venues les pires agressions contre l'État algérien et la souveraineté nationale. Pour culbuter le régime honni de Chadli, compromis lui-même avec le FIS, ils se sont livrés à des exercices théoriques afin de fonder la nécessité de la révolution du lumpen-prolétariat et s'apprêtaient à applaudir des deux mains le nouveau régime intégriste. Ce n'est certainement pas le FIS

---

* Destin, fatalité.

qui a été le plus grand obstacle dans le combat d'idées contre l'islamisme. Sur ce plan, la plus grosse difficulté qu'a rencontrée la République algérienne est venue des rangs des intellectuels « mortellement démocrates ».

La gestion médiatique du terrorisme

La question de l'information dite « sécuritaire » est à l'origine de tensions permanentes entre la presse et les autorités algériennes. Depuis que les pouvoirs publics ont réglementé l'information relative au terrorisme, en juin 1994, les relations se sont envenimées. Le Syndicat national des journalistes algériens (SNJA) dénonce ce contrôle qu'il qualifie de « méthodes répressives de censure » et invite la profession à se mobiliser pour « faire face à l'entreprise d'embrigadement engagée par les forces hostiles aux libertés démocratiques [1] ». L'Association des journalistes démocrates algériens en France (AJDAF) et la plupart des organisations étrangères, dont Reporters sans Frontières, dénoncent la « censure gouvernementale » pratiquée « au nom de la sécurité de l'État ». Elles considèrent que « la censure n'a jamais été — et ne sera jamais — une réponse efficace au terrorisme », car elle est par essence « une violence contre le peuple algérien », une « atteinte au droit inaliénable de tout un peuple à une information démocratique et pluraliste ». Les commentaires des journaux algériens de la seule journée du 12 mars 1996, soit au lendemain de l'attentat à la voiture piégée perpétré contre la Maison de la presse, siège de la plupart des titres, donnent une idée de l'argumentaire qui fonde l'opposition de la presse algérienne «indépendante» au contrôle de l'information sécuritaire.

Selon *Le Matin*, la censure s'explique par une volonté d'«occulter les enjeux réels pour casser la fausse image de marque des gouvernants qui tiennent à faire prévaloir l'idée d'avoir maîtrisé le terrorisme en donnant une image trompeuse de la réalité vécue au quotidien par les citoyens». *L'Opinion* invoque la morale, la démocratie et la vérité vis-à-vis du peuple pour affirmer : «C'est une question d'éthique. Si l'on conçoit le peuple comme majeur et responsable, il y a une exigence morale à lui dire toute la vérité (…). Rendre publics les actes terroristes comme ils se produisent est une forme de combat antiterroriste (…). Les populations verront la bestialité de ces actes et les condamneront davantage.» Le journal ne suppose pas un instant que la population puisse être davantage terrorisée et les intégristes médiatisés comme ils l'espèrent. Le quotidien *La Tribune* conteste quant à lui la décision des autorités de ne pas médiatiser et/ou de minimiser le phénomène terroriste au motif que cela risque d'inciter les groupes armés à commettre des attentats beaucoup plus spectaculaires, donc plus mortels, pour démontrer leur puissance. En 1994, un commentateur de l'hebdomadaire algérois *La Nation* plaidait dans le même sens en assenant : «Interdire de rendre compte des assassinats, de manière exhaustive, comme c'est le cas en Égypte, n'est pas la bonne solution (…) toute chape de plomb jetée sur la relation des actes terroristes pourrait d'ailleurs entraîner une escalade des actes de violence afin d'être rapportés par la presse. Tous les spécialistes de la psychologie du terrorisme l'affirment[2].»

En clair, ce discours ahurissant revient à proposer :

1. Si les terroristes s'acharnent contre la population, c'est parce que les médias ne parlent pas suffisamment d'eux.

2. Pour prémunir les Algériens du carnage, le meilleur système de défense est celui qui consiste à maintenir le terrorisme au cœur de l'actualité.

Comment peut-on soutenir une telle argumentation quand on sait que la presse algérienne a rendu compte par le menu, et dès le début, des crimes terroristes ? Cela a-t-il pour autant empêché l'hécatombe de l'aéroport Houari-Boumediene ? De même, l'extraordinaire couverture de ce crime par les médias a-t-elle protégé les intellectuels algériens et les ressortissants étrangers des assassinats ? Dieu sait aussi si l'«intellectocide» et les meurtres d'étrangers ont été couverts par les médias nationaux et internationaux ! Cela a-t-il préservé la vie des vieillards, des femmes et des enfants des actuels massacres à la hache et à la tronçonneuse ? Bref, à l'interrogation du quotidien *El Watan* qui, au lendemain d'une tuerie, titre « Qui arrêtera le massacre [3] ? », les pseudo-experts en psychologie du terrorisme répondent en chœur : la publicité, toujours et davantage !

Au-delà de l'ineptie, ces prises de position expriment l'idée que les mesures de restriction de la liberté d'information entraîneraient la domestication d'une presse placée entre le marteau et l'enclume. Une presse «menacée dans son existence même» comme ne manquent jamais de le proclamer *Le Monde*, *Libération* et *Le Monde diplomatique* qui, par leurs positions sur la crise algérienne, constituent le pôle médiatique français de l'apocalypse. Dès juin 1994, *Le Monde* fait appel aux grands sentiments pour déplorer le «véritable arsenal de censure étatique, qui ne serait pas désavoué par un pays en guerre (...). Censure qui ramène les journalistes algériens aux pires heures de l'État-parti (…). La seule victime avérée est la liberté de la presse et son corollaire obligé, la liberté de penser[4]». En 1997, un éditorial intitulé «L'Algérie muselée» fustige un pouvoir qui a «étouffé toute expression libre, cadenassé un système de censure sans faille et mis les médias nationaux à son exclusif service [au point] que ses informations ne sont pas plus crédibles que les communiqués de victoire des GIA». Réfugié derrière le bouclier de la liberté de la presse, *Le Monde* blâme des pratiques qui témoignent de «la volonté du régime de perpétuer un système de gouvernement opaque, quasi clandestin, dans lequel une nomenklatura de généraux conserve l'essentiel des rênes du pouvoir politique, économique et financier» d'une part, et «du souci des mêmes de prendre en otage l'opinion publique française en ne laissant filtrer qu'un récit à sens unique du drame algérien[5]» d'autre part.

En déclarant que tous les journalistes qui refusent de s'aligner sont «embastillés», ne serait-ce pas au contraire *Le Monde* qui donne de la presse algérienne une image caricaturale? Il est vrai que dans des zones sous haute protection de l'État, cent soixante-quinze structures d'hébergement avaient été attribuées aux journalistes par le gouvernement. Une partie de la profession est, en ce sens, «embastillée» dans des résidences d'État hautement sécurisées[6]. Au 5 octobre 1995, le coût de l'opération, qui n'était pas terminée, s'élevait à 34,5 millions de dinars. Aux frais de l'État. Quant au coût des opérations liées à la sécurisation, à l'aménagement des sites d'activité pour la protection des sièges des entreprises de presse, toujours aux frais de l'État, il était de l'ordre de 28,5 millions de dinars[7]. Ces chiffres n'ont été démentis par aucun patron de presse et certains parmi eux ont seulement émis le regret que les autorités algériennes rendent ces informations publiques *(sic!)*. Ces dépenses sont sans doute insuffisantes. Elles le seront toujours au regard de la vie d'un journaliste qui, comme celle de tout citoyen, n'a naturellement pas de prix. On peut néanmoins se demander s'il revient à l'État seul d'assumer la protection des journalistes? Comme l'observait un quotidien, est-il en effet admissible que les employeurs n'aient strictement aucune sorte d'obligation — assurance, niveau des salaires, stabilité de l'emploi — à l'égard de leurs journalistes[8]?

La protection dont bénéficie cette presse est-elle un facteur d'inhibition vis-à-vis du pouvoir? Le déluge de critiques déversées par les journalistes algériens sur leurs gouvernants, y compris dans la presse étrangère, suffit à démontrer le contraire. Certains versent même dans la goujaterie, comme cette directrice d'un hebdomadaire algérois. Lors d'un entretien du chef de l'État avec la presse algérienne, en septembre 1996, Salima Ghezali, la directrice d'un organe «étouffé par la dictature militaire», comme aime à le répéter la presse occidentale, apostrophait le Président de la République en ces termes : «En tant que journalistes, nous avons constaté que nous ne sommes pas libres d'informer le citoyen sur les questions qui le préoccupent quotidiennement car les lois en vigueur ne nous permettent pas d'aborder avec précision la question sécuritaire et d'enquêter sur les questions économiques. En tant que premier responsable, êtes-vous bien au courant de ce qui se passe sur la scène politique, économique et sociale[9]?» De tels propos seraient-ils concevables sous un régime dictatorial? Partisane déclarée du «contrat de Rome», il était visiblement difficile à la directrice de donner du

«Monsieur le Président» au chef de l'État. En 1996, cette journaliste a-t-elle été primée par certaines institutions internationales pour son «indépendance» ou pour sa virulence à l'égard de l'État algérien ? À ces propos désobligeants, Zeroual répondra : «Permettez-moi, chère sœur, de vous dire que si je n'étais pas au courant de ce qui se passe en Algérie, il ne me resterait plus qu'à rentrer chez moi. Ceci n'est pas une question à poser au Président de République élu par la majorité du peuple algérien. Par respect, je n'aurais jamais osé poser une telle question. Pour ce qui est d'informer le citoyen sur la situation sécuritaire, je pense, et cela est le cas dans tous les pays, que cette information est soumise à des lois. D'un autre côté, quelles sont les limites imposées à la presse nationale, autres que sur la question sécuritaire [10] ? »

Compte tenu de la conjoncture dramatique et du contexte d'état d'urgence, la liberté de la presse et d'expression a été fondamentalement assurée même si, dans certains cas, on a pu noter des manifestations d'autoritarisme intempestif, des maladresses, des erreurs d'appréciation, voire des dépassements intolérables. Si l'Algérie n'est pas la cité idéale, sa presse n'en exprime pas moins ses opinions, ouvre ses colonnes à l'opposition, critique sèchement le pouvoir et diffuse parfois des communiqués des groupes terroristes bien que les textes relatifs à la lutte contre le terrorisme interdisent son apologie directe ou indirecte. Les médias espagnols, d'un commun accord, ne publient jamais les communiqués de presse de l'ETA, en particulier lorsqu'il s'agit de revendications d'attentats.

Au demeurant, pour exprimer sa solidarité avec les journalistes algériens, *Le Monde diplomatique* ouvre régulièrement ses colonnes à la «presse algérienne persécutée». En fait, un seul hebdomadaire, *La Nation*, bénéficie de cette faveur. Il est vrai que la directrice de l'organe algérois et Ignacio Ramonet sont en communion totale sur la crise algérienne et développent strictement le même discours à la virgule près. Pluralisme, quand tu nous tiens! Dans sa livraison de mars 1996, le mensuel parisien publiait un article dont le titre est à lui seul édifiant : «Attentats contre la liberté de la presse». Le contrôle de l'information sécuritaire était ainsi placé sur le même plan — «attentats» au pluriel — que les assassinats de journalistes à l'arme blanche et les boucheries à la voiture piégée. Amalgame indécent. L'auteur de l'article prétend livrer les objectifs du pouvoir : «Sous prétexte de combattre le terrorisme, le régime algérien pratique une véritable épuration médiatique entamée avec l'interdiction des journaux du FIS [11]». Parler d'épuration à propos des titres du FIS, effectivement suspendus en 1992, est pour le moins stupéfiant quand on connaît le discours véhiculé par ces journaux. Un journal algérien comme *El Balagh*, que certains considéraient pourtant comme un organe modéré, est à peine représentatif de cette presse du FIS qui n'a jamais cessé de cultiver le fanatisme et de pousser à l'irréparable. À l'annonce des résultats des élections législatives de décembre 1991, cet hebdomadaire francophone de l'intégrisme affichait en première page : «Le parti de Dieu vaincra le parti du diable!» et qualifiait la démocratie d'«abcès». Les partis politiques, y compris les partisans de la tenue du second tour de scrutin, étaient agressés avec une rage inouïe et traités d'«apôtres de la dépravation et de la débauche [12]». Dans un autre article [13], inondée de ravissement, une journaliste présente à ses lecteurs un des leaders du FIS comme un «gros nounours pâle mais toujours souriant» et, ajoute-t-elle : « Féministe et démocrate, comme il me plaît de me définir, j'ai toujours eu une grande tendresse pour Hachani, malgré sa gandoura blanche et sa méconnaissance totale du code pénal. » Que de révélations intimes, que de spleen, que de frissons pour le dodu nounours polaire qui, début 1992, appelait à la désertion des rangs de l'armée afin de faire basculer le pays dans le chaos, prologue à l'instauration du nouvel ordre !

Ces appréciations ne manqueront pas d'épouvanter quelques experts français en mal d'orientalisme et d'islamisme tels les politologues François Burgat ou Séverine Labat qui nous reprocheront de noircir l'homme. Qu'ils se rassurent, il ne s'agit ici ni d'un essai de diabolisation de l'individu ni d'une étude pour savoir si l'homme est bon père, bon époux ou voisin convenable. Cela est affaire personnelle et de famille. Bien entendu, une telle démarche ne conviendra pas à Burgat qui, dans son ouvrage *L'Islamisme en face*, propose de pénétrer les secrets de l'islamisme politique et des leaders intégristes en privilégiant l'approche qui consiste à les regarder les yeux dans les yeux. Dans son introduction intitulée « La méthode », il suggère de pas apprécier ces dirigeants à travers leurs discours et leurs actes mais, dit-il, « depuis l'apparence physique et vestimentaire de l'interlocuteur jusqu'au ton de sa voix, en passant par le cadre dans lequel il s'exprime, son environnement familial, les livres de sa bibliothèque ou les confidences de son voisin (...). Le non-dit est parfois plus important que l'explicite, l'allusif plus significatif que l'énoncé (...), un aparté sur la coupe du monde de football et deux remarques sur le comportement de l'arbitre en disent souvent plus long sur la capacité d'un individu à intérioriser les exigences d'une culture pluraliste que le décryptage littéral de ses credo convenus

sur la question [14] ». À chacun sa méthode ! Laissons à
Burgat la sienne. Ce qui intéresse d'abord les citoyens
ce sont les positions et les actes de l'homme politique,
ce que Hachani, Benhadj et consorts voulaient faire de
la société algérienne une fois au pouvoir, le sort qu'ils
comptaient réserver aux Algériennes et à la démocratie
et non pas le décor de leur salon et ce qu'ils pensent
d'un match de football. Ce propos de Burgat sur le football rappelle que les amateurs de ce sport ont eu droit
à une première lors de la saison 1990-91 du cham-
pionnat d'Algérie. La pression de l'idéologie islamiste,
de plus en plus étouffante, a failli asphyxier les joueurs
de football. Certains clubs ont soudainement abandonné leurs shorts habituels pour porter des bermudas
qui descendaient sous les genoux. Comme, malgré cela,
on voyait encore de la peau, certains joueurs réglèrent
définitivement la question en enfilant un caleçon noir
sous leur bermuda !

Hachani, aujourd'hui libéré de prison, a été présenté
par une nouvelle spécialiste de l'islamisme, Séverine
Labat, à l'opinion française comme l'incarnation de la
« dimension technocratique et moderniste du FIS [15] ».
Incroyable portrait d'un homme qui, jeune étudiant à
l'Institut du pétrole d'Alger, chassait les étudiantes de
leurs chambres universitaires pour les transformer en
salles de prières et de conspiration et donnait déjà
l'exemple de la violence en attaquant les étudiants non
intégristes ou en agressant des filles « trop évoluées » à
son goût. Faut-il s'étonner de voir ce « moderniste »
déclarer au lendemain du premier tour des élections
législatives de décembre 1991 : « Notre combat est celui
qui oppose la pureté islamique à l'impureté démocratique [16] » ? Lorsque certains « démocrates » songeaient à
« démocratiser » le FIS en le mettant à l'épreuve du pou-

voir dans le cadre d'une sympathique cohabitation, le « technocrate moderniste » ne souhaitait nullement s'encombrer de ces *sanafirs** et, impatient, lançait : « Nous ne voulons pas d'une Assemblée qui nous contraindrait à des alliances qui retarderaient nos projets d'État islamique[17]. »

Bienveillance à l'égard de l'islamisme, reniements répétés des positions antérieures sur le terrorisme, amalgames, incohérences et inconséquences, occultation et manipulation de l'information sont finalement les constantes de certains médias français sur la crise algérienne.

Trois exemples permettent de situer les incohérences et les bizarreries du *Monde* et de certains de ses confrères.

1. Alors que, depuis 1992, *Le Monde* développe, avec une obstination remarquable, une ligne éditoriale tendant à populariser l'idée d'une « Algérie en guerre », il s'offusque de voir mise en œuvre des mesures de défense exceptionnelles. Pourtant, à aucun moment, il n'a récusé la politique antiterroriste adoptée par l'État français ni le black-out sur les enquêtes menées à la suite de la série d'attentats perpétrés à Paris en 1995. Il n'a contesté ni la présence de l'armée dans les rues de Paris, ni le contrôle d'un million huit cent cinquante mille personnes dans le cadre du plan Vigipirate, ni le décret autorisant la gendarmerie française à ficher les « opinions politiques » des individus proches des terroristes ou cibles potentielles[18]. Visant à renforcer les prérogatives de l'État dans le combat antiterroriste, ce décret, signé par le chef du gouvernement, Alain Juppé, et le

---

* Lilliputiens. C'est le terme qu'utilisait Abassi Madani en parlant des autres partis.

ministre de la Défense, Charles Millon, au lendemain
de l'attentat du RER près du musée d'Orsay, ne provoque aucune tempête médiatique. Aux rarissimes
observateurs qui émettent quelques critiques, au
demeurant sur des broutilles, le ministre de l'Intérieur,
Jean-Louis Debré, rétorque : « Indifférent à toute démagogie, aux cris et aux chuchotements, je ferai ce que je
croirai devoir faire pour mon pays parce que l'enjeu de
cette terrible épreuve, c'est l'autorité de l'État[19]. »
Sauvegarde de l'autorité de l'État qui serait, pour *Le
Monde*, une « vérité en deçà des Pyrénées » mais une
« erreur au-delà » ?

2. Tout en contestant à l'État algérien le droit
d'adopter des mesures draconiennes pour faire face à
une forme de guerre épouvantable, en dénonçant la
politique dite du « tout sécuritaire », les mêmes médias
font des gorges chaudes sur « l'incapacité du pouvoir
algérien à venir à bout du terrorisme ». Ce leitmotiv sur
l'incapacité de l'État algérien occulte les problèmes
considérables que ce fléau pose aux forces de sécurité
du fait de son caractère intermittent et imprévisible.
Comme dirait le sociologue Wieviorka, il « n'a pas sa
place dans le calendrier politique[20] », encore qu'il
n'omette pas d'en cibler les moments politiques. Par
ailleurs, comment ne pas songer aux énormes difficultés éprouvées par l'Espagne avec l'ETA, la Grande-
Bretagne face à l'IRA, l'Italie face aux Brigades rouges
et la RFA avec sa Fraction armée rouge ? L'État allemand, par exemple, qui est doté de solides institutions
et dispose de puissants appareils répressifs, qui bénéfi-
ciait de la coopération de toutes les polices européennes
à la faveur de la convention signée à Strasbourg en
1977, a dû batailler durant une décennie pour venir à
bout du terrorisme. En Allemagne comme en Italie, le

vaste mouvement de mobilisation des citoyens et des forces républicaines et démocratiques, émanation d'un puissant consensus national, a été un des facteurs déterminants pour surmonter l'épreuve. Pourtant ces États affrontaient un terrorisme sans réelle base sociale comparé au phénomène islamiste qui a profondément gangrené le tissu social et largement investi les institutions de l'État algérien. Édifiées depuis trois décennies seulement, délabrées par la gestion du régime de l'ancien président Chadli, contaminées par l'intégrisme, surprises par l'irruption brutale du phénomène terroriste, les institutions du pays plieront mais ne céderont pas. À plusieurs reprises, dans les circonstances les plus périlleuses, elles trouveront l'énergie nécessaire pour faire barrage à la déferlante intégriste. Au moment où l'État vacillait, l'armée, n'en déplaise à l'antimilitarisme primaire, se dressera comme la plus robuste institution républicaine.

3. Les renoncements du *Monde* sont au demeurant flagrants quand on observe ses positions actuelles et antérieures sur le terrorisme hors d'Algérie. Ses analyses et sa terminologie témoignent d'une étrange métamorphose, comme l'indique cet extrait de l'éditorial consacré au groupe Fraction armée rouge (FAR) à la suite de l'assassinat de Gerold von Braunmühl [21]. *Le Monde* considérait alors que «la mise hors d'état de nuire de ces fanatiques est d'autant plus difficile qu'ils ont renoncé à tout lien avec la société civile. Loin de les décourager, l'unanimité dans la réprobation et le dégoût qui se manifeste en Allemagne et en Europe face à leurs exploits, les confirme dans leur paranoïa (…). C'est au Vive la mort! fasciste ou à la frénésie de destruction du nazisme agonisant que font songer ces singuliers idéologues [22]». Rien de commun entre cette ligne éditoriale

et celle développée à propos du terrorisme islamiste en Algérie, qualifié de « résistance », « opposition armée », « moudjahidin ».

C'est une ligne de conduite identique qu'adopte *Le Monde diplomatique* : mansuétude vis-à-vis du FIS, dénigrement de l'État algérien et de son institution militaire, ragots sur les citoyens organisés en groupes d'autodéfense constituent la substance de sa ligne éditoriale. Tout comme *Libération* dont aucun article ou interview consacré à l'Algérie ne s'écarte de cette ligne. *Le Monde diplomatique*, qui ne cache pas son antiaméricanisme, applique cette méthode de la presse d'outre-Atlantique consistant à dicter à la société les thèmes et les événements à traiter, ce que les Américains nomment la « politique de l'agenda ». Sur l'Algérie, Ignacio Ramonet ordonne les nouvelles prioritaires et les sujets censés intéresser ou préoccuper l'opinion. Invariablement, il met le cap sur « la faillite du régime », « la torture », « l'offre de paix du FIS », « la corruption de l'armée », « le chaos », « l'étranglement de la presse ». En revanche, quinze jours avant la consultation présidentielle de novembre 1995, il consacre à peine dix lignes à l'événement en décidant qu'il s'agit d'« une élection sans enjeu [23] ». Dans l'édition suivante, le mensuel donne un bel exemple de respect du lecteur en... ne pipant mot sur les résultats du scrutin ! Rien non plus les mois suivants. L'impasse sur l'événement est totale. À la différence de la « politique de l'agenda » traditionnelle, qui peut tenir compte des pressions des lecteurs, via les sondages par exemple, et donc délaisser un thème ou un événement quand un autre surgit, Ramonet ne démord jamais de ses priorités et de ses propres convictions politiques quand il est question de l'Algérie.

La même presse qui conteste le principe d'un contrôle de l'«information sécuritaire» en Algérie est généralement muette sur les pratiques de certains pays, comme Israël et les États-Unis, pourtant dotés de réglementations sévères en matière de traitement médiatique du terrorisme. C'était aussi le cas de l'Allemagne à l'époque de la Fraction armée rouge. En septembre 1977, le gouvernement de la RFA n'hésitait pas à restreindre la sacro-sainte liberté de la presse. Lorsque la Fraction armée rouge kidnappe le président du patronat allemand, H.M. Schleyer, les autorités obtiennent de la presse germanique qu'elle se soumette à un contrôle absolu sur la diffusion des nouvelles. Sans aucun état d'âme — et à juste raison — le gouvernement distribue vingt-cinq millions de photographies des terroristes, promet une prime, demande la coopération des médias et interdit toute information provenant des terroristes sans son accord préalable. Qui plus est, la presse n'hésite pas à épauler ce véritable embargo en collaborant au maximum. Elle répond au souhait des autorités en allant jusqu'à publier de fausses informations destinées à induire les terroristes en erreur.

En France, à la suite de l'attentat du 25 juillet 1995 à la station Saint-Michel, le ministère de l'Intérieur avait exigé le silence total des policiers, des sapeurs-pompiers et de la préfecture de Police. Seul Jean-Louis Debré était habilité à parler. Presse et chaînes télévisées, qui dénoncent le contrôle de l'information sécuritaire en Algérie, ne trouvent rien à redire lorsque Hervé Brusini, l'un des rédacteurs en chef du 20 heures sur France 2, confie que la chaîne publique pratiquait l'autocensure durant cette période : « Tous les jours, disait-il, il nous arrive de faire le black-out sur un certain nombre d'informations. À la veille de la première rafle visant Kelkal, nous connaissions son existence, nous savions que les policiers avaient ses empreintes digitales sur la bombe du TGV et nous savions où devaient avoir lieu les descentes de police. Nous avons dit au ministère de l'Intérieur que nous ne diffuserions pas cette information, précisément parce que nous avons un certain sens des responsabilités, et pour les uns et pour les autres [24]. »

Les autorités britanniques considèrent, elles aussi, que le traitement du terrorisme ne peut être envisagé sans la collaboration active de la presse. Il s'agit, disent-elles, d'un problème de responsabilité qui ne peut être traité dans la « cacophonie des opinions individuelles » de journalistes « rarement spécialistes » et dont le « goût pour le sensationnel risque d'être la cause d'une escalade de la violence, abandonnant le terrorisme ciblé pour le terrorisme aveugle [25] ». Aucune information ne doit être fournie sur les mouvements des forces de sécurité, et la presse britannique est soumise à des obligations, y compris dans le vocabulaire : certains mots sont interdits.

Cette conduite des autorités occidentales vis-à-vis des médias est aux antipodes de l'irresponsabilité, du laxisme et de l'incompétence qui ont longtemps prévalu en Algérie, dans une situation d'une tout autre gravité. Une étude, publiée par le quotidien algérien *Le Matin*, reprochait à la presse « la publicité considérable faite autour de l'émergence du Groupe islamique armé (GIA) alors que le déclin, voire la disparition, du Mouvement islamique armé (MIA) s'opérait. Cette substitution a été répercutée de manière impulsive par les médias nationaux (...). Par frénésie du scoop, on a valorisé un mouvement en difficulté [26] ». Cette observation justifiée est cependant partielle car son insistance sur les seuls faux pas de la presse élude la responsabilité de l'État. L'exemple cité illustre en effet superbement le retard sinon les défaillances, la vacance et les anachronismes de l'État dans le champ du combat médiatique contre le terrorisme. Durant le premier semestre 1992, parant visiblement au plus pressé, l'État était quasiment dans l'incapacité de gérer convenablement la communication sécuritaire. La résistance et l'organisation simultanée du combat contre les groupes armés paraissaient prioritaires. Alors que les assassinats des agents de l'ordre se multipliaient, le pays ne disposait encore d'aucune structure pour coordonner la lutte antiterroriste.

Le contrôle exercé par les pouvoirs publics algériens sur l'information sécuritaire est-il contestable dans son principe? Sur cette question, la presse algérienne a fait preuve d'une désinvolture déconcertante. Évacuant l'angoissante problématique média-terrorisme, elle a sous-estimé du même coup les relations perverses qu'entretient ce couple : jusqu'où informer sans entrer dans une logique de propagande du terrorisme? Nullement spécifique à l'Algérie, cette embarrassante question n'est pas nouvelle. Au plus fort de la vague terroriste des Brigades rouges, elle avait conduit les Italiens à consulter une sommité mondiale de la communication. Marshall McLuhan, formel, préconisera le black-out maximum autour des actes terroristes; c'est le seul moyen, dira-t-il, de ne pas entrer dans leur jeu. Le sociologue Franco Ferrarotti abondera dans le même sens en déclarant : « Si j'étais président du Conseil, j'aurais immédiatement décrété un black-out absolu. J'aurais condamné les organisations clandestines à leur clandestinité. Chaque jour, le gouvernement aurait publié un communiqué contenant les informations essentielles. Comme on fait pour les grands malades ou en temps de guerre[27]. » On pourrait rétorquer, évidemment, que le black-out est discutable d'une part et difficile à concrétiser d'autre part. Malaisé, car le déferlement des ondes et des images au-delà des frontières nationales rend souvent caduc ce type de solution. Discutable, car, au-delà de cet aspect technique, des images supprimées peuvent créer un climat inverse de celui recherché. On risque alors de faire le lit de la rumeur et de l'intox, lesquelles provoqueraient une plus grande panique dans l'opinion. Enfin, s'agissant de pays où la démocratie est profondément ancrée dans le tissu social, le silence imposé à la presse répondrait finalement à l'un des objectifs des terroristes : la violation d'une liberté publique fondamentale serait la preuve que la démocratie est incapable de se défendre sur son propre terrain.

Toutes ces objections ne règlent pas pour autant le fond du problème. Elles ne déchargent aucunement les médias de leurs responsabilités. Bien au contraire. L'expérience montre que face au terrorisme, en situation d'urgence, la presse porte une très lourde charge. Dominique Wolton montre comment elle «entretient la dramatisation au point de perdre le sens des proportions et de la mesure[28]». Difficile mais indispensable, la gestion médiatique du terrorisme est une exigence que la presse ne peut escamoter en se réfugiant derrière des considérations démocratiques ou plutôt démocratistes. Un type d'information risque d'accentuer le sentiment d'impuissance de l'État, or c'est l'un des bénéfices psychologiques et politiques essentiels attendus par le terrorisme. Aussi, comme le remarque Wolton, à trop vouloir informer le journaliste risque de faire le jeu d'un adversaire qui le nie en tant que professionnel et citoyen d'une démocratie. Pour avoir démoli l'image de l'État dans sa manière de rendre compte des actes des Brigades rouges, l'information livrée par la presse transalpine avait été qualifiée par un observateur italien de véritable « pornographie idéologique [29] ». Sans aller jusque-là, *Le Monde* a toutefois pleinement conscience des enjeux de l'information dans ce domaine. Dans un éditorial du 23 août 1995, il se fait le prophète d'une politique de communication qu'il condamne en Algérie : « Rien ne serait plus erroné que de croire leurs actions d'une importance telle qu'il faille leur donner un écho médiatique considérable. Rien n'est plus dangereux que leur apporter plus d'attention que n'en justifie la douleur des victimes. Car c'est ce que veulent les terroristes : déstabiliser, en semant non seulement la terreur, physique, mais aussi le trouble de l'intelligence [30]. » Comment, encore une fois, expliquer cette extravagante transmutation du *Monde* qui poursuit : « L'intelligence nous dicte de ramener l'importance politique du terrorisme à de justes proportions. Dans bien des cas, le terrorisme n'est pas l'arme des pauvres ou des sans voix ; il est l'arme des perdants (…). Le terrorisme n'est qu'un baroud de déshonneur de fanatiques aveugles. » Fait significatif, l'éditorial en question, intitulé « L'arme des perdants », cite, tour à tour, le massacre commis par les islamistes du Hamas à Jérusalem, le carnage du métro Saint-Michel, l'attentat de New York et la tentative d'assassinat du roi Juan Carlos par les nationalistes basques de l'ETA. Pas un mot sur les attentats islamistes en Algérie. Pourquoi ? Faut-il croire que le terrorisme, « arme des perdants » dans les cas cités, ne l'était pas en Algérie ? *Le Monde* estimait-il en 1995 que c'était l'arme des futurs gagnants ?

En juin 1978, le ministre italien des Affaires étrangères, A. Forlani, disait que le terrorisme est un virus potentiellement puissant dans toutes les sociétés mais qui se transforme en tumeur maligne ou même en cancer là où l'organisme politique, social et économique est faible et incapable de sécréter les anticorps nécessaires[31]. Si ce virus tire ses ressources d'une situation politique et socioéconomique donnée, il puise aussi une partie de son énergie de la propagande et de l'information qui occupent une place capitale dans sa stratégie ; quand les terroristes assassinent des journalistes, ce n'est pas uniquement pour bâillonner la presse mais aussi et surtout pour qu'elle parle davantage d'eux. En séquestrant l'attention de millions de personnes après chaque attentat, les médias comblent largement l'attente du terrorisme qui survit en produisant des messages. Asservis, les médias se transforment en porte-voix et en amplificateurs d'actes destinés à terroriser la société, impressionner les forces politiques et déstabiliser les institutions. Cela ne constitue cependant qu'un aspect de l'objectif recherché car la propagande est de surcroît un moyen d'attirer et de recruter des troupes. Divers mécanismes, dont le grossissement démesuré de l'organisation clandestine, contribuent à la propagation du virus. Cette contamination est favorisée par les médias qui mettent les actions des groupes terroristes à la portée d'autres et témoignent de leur notoriété internationale. Dans certains cas, les médias jouent franchement un rôle de stimulateur. Un type de compte rendu des opérations peut amener un terroriste potentiel, en colère contre certains aspects de l'environnement sociopolitique, à passer à l'acte[32]. D'autres recherches concluent que les médias ne risquent pas seulement de fonctionner comme stimulateur mais également comme vecteur d'apprentissage du terrorisme. Le contact direct entre terroristes et terroristes virtuels ou potentiels ne devient plus nécessaire puisque le journaliste l'établit.

Les recherches relatives aux comportements acquis par apprentissage montrent que le terrorisme peut être inculqué via les médias à des terroristes potentiels ; logique, méthodes, raisonnement et techniques de terroristes effectifs une fois assimilés peuvent ranimer et inspirer des terroristes potentiels qui aspirent aux mêmes satisfactions. « Le terroriste potentiel n'a pas besoin d'expérimenter lui-même cette satisfaction ; il lui suffit de voir que le terrorisme a fonctionné pour d'autres pour être incité à agresser. Les systèmes modernes de communication permettent aux terroristes potentiels d'apprendre les méthodes et les réalisations d'un grand nombre de terroristes effectifs, et d'être excités encore et à nouveau [33]. » Les travaux sur le couple terrorisme-médias attestent par conséquent des lourdes responsabilités qui pèsent sur le métier de journaliste. L'amour débordant pour la démocratie et la frénésie pour la liberté de la presse n'ont jamais été un vaccin contre l'égarement et le fiasco. En Algérie, l'opposition de principe au contrôle de l'information sécuritaire relève chez une minorité de calculs politiques partisans. Une niaiserie impénétrable et/ou une ignorance insondable expliquent la position des autres. Dans tous les cas il s'agit d'une incompétence coupable doublée d'une inconscience tragique compte tenu de la gravité de la situation.

Ces appréciations, qui peuvent paraître sévères, ne diminuent aucunement le rôle essentiel et même héroïque que joue la jeune presse algérienne. Mais, bien que résolument engagée dans le combat contre le terrorisme, auquel elle continue de payer un lourd tribut, cette presse a souvent manqué de prudence et de perspicacité en versant dans le sensationnel, corroborant ainsi les craintes de Wolton. Nous parlons, bien entendu, de la presse algérienne qui s'est clairement positionnée dans le combat pour la défense des idéaux démocratiques et républicains et non pas de celle qui, risquons un néologisme, «intégristouille» et/ou assume délibérément la fonction de sherpa de l'intégrisme.

L'affaiblissement et l'éradication du fléau terroriste ne seront certainement pas aisés. Il est néanmoins incontestable qu'il ne frappe plus avec la même aisance, en particulier dans les centres urbains et les localités rurales qui ont pris en charge, avec le soutien des autorités, leur propre défense. Il ne peut plus prétendre renverser les institutions comme certains le prédisaient et ne parvient quasiment pas à s'attaquer aux infrastructures économiques et sociales comme cela était le cas en 1994 où deux mille sept cent vingt-cinq[34] actes de sabotage avaient été commis. Au début de l'année 1995, la majorité des entreprises assuraient leur propre sécurité avec un effectif total de plus de cinquante mille personnes; près de quatre-vingt-dix mille patriotes armés défendaient leurs localités (chiffre largement dépassé aujourd'hui), le nombre de gendarmes qui était de l'ordre de trente mille en 1991 est passé à soixante-dix mille. L'effort de défense réalisé, même s'il reste encore beaucoup à faire, est un des éléments d'explication du basculement du terrorisme dans le meurtre collectif à la bombe dans les lieux publics, les attentats à la voiture piégée en zone urbaine — quasiment imparables sans une mobilisation de tous les instants de la part des citoyens — et les attaques des localités isolées sans défense.

Cela étant, le recours de certaines autorités du pays, dont le chef du gouvernement, à des formules du style

« terrorisme résiduel » relève d'une obstination séman-
tique de moins en moins comprise par les acteurs de la
vie politique car elle n'aboutit finalement qu'à créer un
faux malentendu entre toutes les forces intéressées à
l'éradication du terrorisme. Si Belaïd Abdesslam avait
usé de cette expression, ce que l'on a tendance à oublier
c'est que le leader du FFS, Aït-Ahmed, qui fait aujour-
d'hui tant de bruit sur le recours à cette notion, s'en est
aussi régalé bien avant Ouyahia en déclarant, dès juillet
1994 : « Le FFS (…) peut non seulement participer à
la paix, mais aussi à la disparition progressive du terrorisme résiduel[35]… »

Il reste que la démarche du chef du gouvernement,
Ouyahia, s'expliquerait, selon des observateurs peu suspects d'animosité à son égard, par son parcours
d'énarque coupé des luttes politiques et sociales du pays
puis de commis de l'État encore empêtré dans des idéologies technocratiques très mal venues en Algérie. Ces
observateurs rappellent son « discours au peuple algérien » où il avait annoncé, unilatéralement, une ponc-
tion sur les salaires des employés du secteur public afin,
disait-il, de susciter la solidarité avec les travailleurs non
payés du bâtiment et des travaux publics. Il a fallu une
grève de deux jours à l'initiative du syndicat UGTA
pour qu'il revienne sur sa décision. Les qualités certaines de ce chef de gouvernement, sa jeunesse fou-
gueuse, sa réputation d'homme de dossiers, son talent
de polémiste, sa sincérité sans doute, sont malheureusement ternies, selon ces observateurs, par sa tendance à
ne tenir compte que de l'avis de ses supérieurs, à considérer comme relativement très secondaire ce qui se
passe en bas, et surtout par sa tendance, qui devient un
travers, à vouloir toujours avoir raison, quoi qu'il en
coûte.

On peut rendre compte du recul du terrorisme sans pour autant utiliser le slogan intempestif de «terrorisme résiduel» qui relève de l'erreur politique et de l'anachronisme pour deux raisons au moins.

D'abord parce que selon les estimations officielles près de trois mille individus sont encore recherchés pour assassinat et complicités avec les groupes armés, ce qui est considérable quant on sait qu'un terroriste est mis hors de combat après avoir commis en moyenne trois assassinats[36]. Ensuite, le fait même que le terrorisme soit en recul le rend encore plus menaçant; dans la phase de dégénérescence, sa sauvagerie décuple. C'est ce que soulignait le ministre espagnol de l'Intérieur, Jaime Major Oreja, à propos du terrorisme basque à la suite de l'assassinat du jeune conseiller municipal biscayen : «On parle souvent de la fin ou de la "faiblesse" supposée de l'ETA, cela n'a pas de sens : tant qu'ils auront les moyens de tuer, même une personne, ils le feront. L'ETA n'est pas au bout de son histoire, elle est plutôt engagée dans un processus de "dégénérescence" et de "décadence". Et nous allons souffrir, car la "dégénérescence" d'un mouvement comme celui-là se traduit par plus de violence encore[37].» Il a parfaitement raison ; on notera seulement, comme chacun peut le constater, que la dégénérescence de l'ETA n'a rien à voir avec celle que connaît le terrorisme islamiste en Algérie. Si on peut se permettre une comparaison dans ce domaine, on dira que l'ETA est un enfant de chœur comparé au GIA. Dans son processus de décadence, l'ETA a tué une personne en juillet 1997 — une de trop bien entendu ; depuis qu'il a engagé la lutte armée contre le gouvernement central espagnol en 1959, on lui attribue sept cent cinquante morts. Ce bilan macabre, atteint en Espagne en trente-huit ans, est dépassé par les islamistes en Algérie en un mois, parfois même en une semaine, voire en une journée et tout y passe — voiture piégée et tronçonneuse —, nul n'est épargné, ni femmes, ni enfants, ni vieillards. Une fois le carnage accompli, les hordes barbares franchissent de nouvelles frontières de l'horreur, l'inimaginable, comme ce 24 mai 1997, au lieu-dit «Zemila», proche de la commune de Mabed[38], où des usagers de la route nationale découvrent dix-huit têtes humaines décapitées disposées en ligne en bordure de la route, visages exposés à la vue des passagers. Les victimes, seize hommes et deux femmes, dont l'âge variait entre 12 et 70 ans, avaient été enlevées la veille d'une commune voisine, alors qu'elles célébraient une *ouaâda**, et c'est avec les auteurs de ces actes inqualifiables que l'on demande à l'Algérie de dialoguer.

Si la gestion médiatique du terrorisme est difficilement contestable dans son principe, sa mise en œuvre est particulièrement délicate. L'exemple à éviter est celui de la télévision nationale algérienne, «l'Unique». Elle est au-dessous de tout. L'exemple le plus récent, qui constitue un modèle de ratage du traitement de l'information terroriste, est offert par l'attentat sanglant à la bombe de juillet 1997 sur un marché de Baraki dans la banlieue d'Alger. Au journal de 20 heures, «l'Unique» relègue l'information en énième position, vers la fin du journal, et se contente d'un communiqué laconique alors qu'une heure auparavant les téléspectateurs algériens avaient pu suivre, sur France 2, un journal ouvert sur l'attentat d'Alger et enchaînant immédiatement, durant dix bonnes minutes, sur la démonstration extraordinaire du million de manifestants qui défilaient

---

* Fête traditionnelle.

à Madrid pour dénoncer l'assassinat du conseiller municipal biscayen par l'ETA. Le fiasco de « l'Unique » est
non pas technique mais politique. Sur toute la ligne.

Dans le domaine de l'information sécuritaire, il n'y
a pas de solution idéale ni de recette miracle. La
conduite la moins imparfaite, ou la moins mauvaise, se
trouve entre deux positions extrêmes : tout dire, ne rien
dire. Entre elles, et pas nécessairement au centre. Il n'y
a pas de règles générales ou de modèles superposables
en toute circonstance. Il est néanmoins admis que l'État
doit réunir trois conditions minimales pour réduire les
dérapages médiatiques :

— Que les pouvoirs publics, dans leur ensemble,
soient eux-mêmes responsables, ce qui n'a pas été le cas
de tous en Algérie où le secteur de la communication,
notamment, a longtemps baigné dans le spontanéisme
et l'irresponsabilité. La gestion du ministère de la
Communication a été désastreuse durant cette période
et à diverses occasions ses plus hauts responsables,
ministres en tête, ont montré qu'ils ne possédaient ni
l'envergure politique ni la compétence technique pour
conduire le complexe combat médiatique contre le terrorisme.

— Que les représentants de la presse soient fréquemment tenus au courant de la situation par les pouvoirs publics et, en particulier, des raisons pour lesquelles une information ne peut être rendue publique.

— Que la presse soit en état d'honorer les normes
déontologiques en ne versant pas dans le sensationna-
lisme et autres scoops politiquement ou financièrement
« juteux ».

Dans la phase que traverse l'Algérie, une réforme et
un perfectionnement du code et de l'éthique des professionnels des médias sont indispensables pour assurer

l'indispensable information du public et la réduction maximale de l'effet de contagion de la propagande terroriste. Si la liberté d'information est dans l'absolu indiscutable et s'il est vrai également qu'il n'y a pas de solution idéale ni de recette miracle dans la gestion médiatique du terrorisme, il est précisément de la responsabilité des médias d'aborder ce phénomène avec le plus grand discernement. De cette épreuve tragique que traversent le pays et sa presse, sortira probablement un journalisme algérien débarrassé de sa périodique crise d'acné.

Face au terrorisme, la mise en œuvre de ripostes adéquates exige, plus que jamais, on s'en doute, une démarche convergente de tous les acteurs et bénéficiaires de la liberté de pensée et de la liberté d'opinion.

Aït-Ahmed, l'homme qui bouge

En France, le chef de file du FFS Hocine Aït-Ahmed bénéficie d'une réputation solidement établie de grand démocrate. Considéré comme irréprochable pour sa probité intellectuelle, son opinion sur la nature de la crise algérienne fait autorité dans de larges milieux politiques. Dans un éditorial de janvier 1992, Jean Daniel, très élogieux à son égard, le présentait comme un « intellectuel, donc coupé des masses, idéaliste, donc non politique, musulman moderniste, donc opposé aux nouveaux courants islamistes ». Pour le directeur du *Nouvel Observateur*, « l'opposition populaire et moderniste au FIS se retrouve dans la résistance nationale de ce Kabyle de charme, transformé en Kabyle de choc » et, poursuit-il, « il n'y a plus un seul leader qui puisse prétendre au prestige de Hocine Aït-Ahmed[1] ». Selon Reporters sans Frontières, c'est le « seul » politique à ne s'être « jamais sali les mains ni compromis avec le pouvoir[2] ». En 1997, *Le Monde* présente son portrait à la une et le dépeint sous les traits de quelqu'un qui a « toujours manifesté une indépendance d'esprit et une honnêteté intellectuelle qui lui valent la considération d'une large part de l'opinion publique algérienne[3] ».

Il faut dire que la notoriété de Aït-Ahmed ne date

pas de la crise actuelle de l'Algérie. Il est connu également pour avoir séjourné dans les prisons françaises de 1956 à 1962 après que l'avion transportant d'éminents dirigeants de la révolution algérienne — lui-même et Ben Bella notamment — eut été l'objet d'un acte de piraterie exécuté par le gouvernement de Guy Mollet, geste qui a été condamné par l'opinion internationale.

Aït-Ahmed n'est pas seulement l'un des « détenus de Fresnes ». Dès les années 40, il a été un jeune et brillant dirigeant (parmi d'autres) de l'aile marchante du Mouvement national algérien.

Depuis juillet 1830, date à laquelle le territoire algérien a été occupé par la force des armes, la France a toujours réprimé dans le sang la revendication des Algériens à leur liberté nationale, à leur indépendance. Tout au long du XIXᵉ siècle, la France — pays des Droits de l'homme et de la liberté mais strictement pour « la France et les Français », comme dirait aujourd'hui Le Pen — a combattu avec la dernière énergie la grande insurrection nationale de l'émir Abd-el-Kader[4] et les soulèvements qui se sont succédé de façon quasi ininterrompue jusqu'en 1920. Elle a eu recours à cette époque à un corps expéditionnaire et à des « forces locales » qui, toutes proportions historico-démographiques restituées, équivalaient au million d'hommes armés, dont deux cent cinquante mille harkis, employés durant la guerre d'Algérie, soit environ un militaire français pour neuf civils algériens.

Une nouvelle grande insurrection nationale éclate en mai 1945 et commence à embraser l'ensemble du territoire algérien. Les autorités françaises, encore à peine remises à flot par la victoire des Alliés et du gaullisme, s'affolent à l'idée de perdre le fleuron de leur empire colonial et répriment férocement insurgés et non-insurgés, allant jusqu'à décimer des tribus entières et faire bombarder par l'aviation et à partir de navires de guerre des populations civiles, provoquant ainsi quarante-cinq mille morts au lendemain même du deuxième conflit mondial. Ces exactions sont reconnues dans un rapport officiel d'enquête mais timidement puisque l'historiographie officielle réduit cet épisode sanglant de la colonisation à de simples «événements du Constantinois», c'est-à-dire des «troubles» à caractère régional. Malgré tout, cette insurrection de mai 1945 retentit comme un ultime avertissement. La France est contrainte de réviser dare-dare sa politique, c'est-à-dire réévaluer les limites du «tout répressif». Elle doit lâcher du lest d'autant plus vite qu'au même moment s'amorce, un peu partout dans le monde, avec plus ou moins de vigueur, une tendance générale à la libération des peuples sous dominations anglaise, française, belge et hollandaise.

C'est dans cette conjoncture, à partir de 1946 notamment, que le Parti du peuple algérien (PPA), principal parti nationaliste, interdit depuis 1939, est autorisé à participer à certaines joutes électorales sous l'étiquette du Mouvement pour le triomphe des libertés démocratiques (MTLD). Cette «ouverture démocratique» est toutefois cernée de toutes parts par de hauts et épais remparts destinés à étouffer dans l'œuf toute avancée réelle, par la voie des élections et du suffrage universel, de la revendication indépendantiste. Ainsi, tout statut politique nouveau pour l'Algérie ne peut être réellement octroyé que par la France «tout entière», autrement dit la France de l'Hexagone plus les «trois départements français d'Algérie» de sorte que le peuple algérien devient une population électorale absolument minoritaire. Toute chance et toute perspective de décider de son propre destin par la voie démocratique du suffrage universel lui sont irrémédiablement interdites. Le principe même de la revendication indépendantiste — considérée comme un appel à la sécession et une atteinte à l'intégrité territoriale de la France — est passible de lourdes condamnations. Non contentes de ces dispositions, qui ne leur paraissent pas suffisantes, les autorités coloniales instituent un « double collège » électoral par lequel le peuplement colonial (un million de personnes) acquiert le même poids électoral que le peuple algérien, soit neuf millions de personnes. La voix d'un seul Français d'Algérie vaut alors celle de neuf Algériens !

Solidement retranché dans cette imprenable forteresse antidémocratique, le colonialisme français tolère à peine une représentation de la tendance la plus molle du Mouvement national[5] et c'est sans ménagement qu'il écarte, au moyen de la répression et du truquage électoral à grande échelle, l'aile populaire réellement représentative du Mouvement national, le PPA-MTLD. Les élections qu'organise le gouverneur socialiste Naegelen en 1948 ont défié avec tant de cynisme toutes les règles de la loyauté d'un scrutin démocratique qu'il suffit, depuis, de dire des « élections à la Naegelen » pour évoquer une mascarade électorale. Dans ce contexte, Aït-Ahmed s'affirme progressivement, mais assez rapidement, comme l'un des dirigeants les plus doués et les plus capables de l'aile marchante du Mouvement national. De surcroît, il se retrouve dans la minorité de jeunes leaders révolutionnaires qui, dès 1946, se distinguent, au sein de cette aile marchante, par leur refus de jouer au jeu du légalisme et de l'électoralisme. Cette minorité parvient à arracher la création, parallèlement à l'organisation politique légale MTLD, de l'Organisation spéciale, l'OS, une structure secrète chargée de la préparation de la révolution armée. Après le jeune Mohamed Belouizdad, décédé d'une tuberculose, Aït-Ahmed en deviendra le premier responsable et cédera ensuite sa place de chef d'état-major de l'OS à Ahmed Ben Bella qui deviendra, comme on le sait, le premier Président de l'Algérie indépendante de 1962 à 1965.

Durant cette période, face à la montée inexorable de la vague indépendantiste du peuple algérien, les autorités françaises cherchent à fortifier les remparts. La « crise kabyle », comme un cadeau tombé du ciel en 1948-49, les conduit à exploiter la revendication culturelle et linguistique avancée lors de cette crise dite « berbériste ». Légitime en soi, cette revendication, dans sa forme d'expression régionaliste (Kabylie), trouble profondément le Mouvement national et fait craindre son éclatement. Pour les autorités coloniales, qui l'attisent du mieux qu'elles peuvent, cet épisode est indiscutablement pain béni. Finalement surmonté, il laissera des traces durables sur le Mouvement national, et l'attitude de Aït-Ahmed — issu d'une famille maraboutique de Grande Kabylie — est encore aujourd'hui sujet de controverse. Cette question « berbériste », que le colonialisme français a instrumentalisée jusqu'au bout, ne cessera jamais de faire l'objet, y compris après l'indépendance de l'Algérie, d'un investissement en profondeur et de manipulations intelligentes et systématiques.

Quelques mois après les accords d'Évian et le cessez-le-feu en Algérie du 19 mars 1962, Aït-Ahmed est libéré. Il est intéressant de revenir sur un événement politique important — le projet de création d'un Gouvernement provisoire de la République algérienne pendant la guerre de libération — et de présenter la position que Aït-Ahmed développe sur la question.

Dans une «étude envoyée au Comité de coordination exécutif (CCE) de la prison de la Santé» en avril 1957, relatée dans son livre *La Guerre et l'après-guerre*, il préconise : «Il est hors de question que la base du gouvernement soit située en Algérie. Un gouvernement à la merci d'arrestations, d'une opération de paras, d'une offensive militaire, mettrait l'existence de l'État en danger. L'État algérien ne doit pas être un État précaire, un État d'opérette. Il doit donner toutes les garanties de permanence. Aussi, dans l'impossibilité de tenir militairement une zone franche, est-il vital que la base du gouvernement soit située en dehors de l'Algérie[6].» On conviendra qu'il s'agit d'une position réaliste et responsable, susceptible d'emporter l'adhésion. Il en ira d'ailleurs ainsi puisque, dès sa création en 1958, le Gouvernement provisoire de la République algérienne (GPRA) s'installera, au vu et au su de tous, à Tunis. Mais, immédiatement après cette suggestion, Aït-Ahmed préconise qu'on fasse «comme si» ce gouvernement était installé en Algérie même, comme s'il y avait donc des zones libérées. Et quel argument donne-t-il? Pour lui, cela «ajoutera un côté merveilleux à l'initiative».

Le bobard n'est-il pas un peu trop gros pour l'opinion internationale et la France ne finira-t-elle pas par fournir les preuves irréfutables que ce gouvernement est bel et bien installé à l'extérieur? Cela ne sera-t-il pas perçu comme une plaisanterie absurde? Aït-Ahmed rassure : «Cela n'importe pas du tout (…) bien au contraire, les révélations, les démentis, la polémique qui ne manqueront pas de s'instaurer sur ce point, la guerre des communiqués, les reportages sensationnels constitueront autant d'éléments à la publicité et à la dramatisation de la question algérienne.» Ensuite, il suggère aux dirigeants d'opter pour des envolées lyriques susceptibles de porter sur l'imagination et la sensibilité des Français et, en ce sens, il recommande au futur GPRA de «faire appel à la France» pour réaliser avec elle «les grands desseins de l'homme et promouvoir le respect des minorités dans le monde⁷».

Il faut bien reconnaître que Aït-Ahmed n'a pas varié dans son mode d'approche de l'opinion française, internationale et des médias occidentaux.

L'indépendance permet de résoudre la question démocratique par son côté le plus fondamental, à savoir le droit du peuple à disposer de lui-même et de son territoire national. On ne peut ignorer que l'État algérien constitue déjà, en soi, la victoire la plus fondamentale de la démocratie. Le langage politique particulièrement en vogue depuis les années 80 porte sur les Droits de l'homme. On estime, en France et partout en Occident, que c'est la pierre angulaire de la question démocratique, de façon toutefois sélective. Fin mai 1997, la France s'est félicitée que son Président, Jacques Chirac, ait réussi à faire admettre aux dirigeants chinois, officiellement, le principe de l'universalité des Droits de l'homme. Pour l'opinion, cette question est désormais un attribut fondamental, indissociable de la démocratie. Mais une partie de cette opinion perçoit-elle que le colonialisme a été la négation la plus brutale des Droits de l'homme et de leur caractère universel, la négation des fondements mêmes de toute démocratie?

En tant que telle, l'indépendance de l'Algérie participe d'une lutte essentielle pour étendre ces mêmes Droits de l'homme à neuf millions d'Algériens, pour affirmer ainsi leur universalité, pour rétablir la démocratie dans ses fondements mêmes.

À partir de 1962, ce qui reste à faire en Algérie en matière de démocratie, ce n'est pas de supposer que

cette démocratie n'existe pas encore et de lui inventer
un nouveau point de départ, tout à fait fictif, comme
semble le croire Aït-Ahmed lorsque, début juin 1963,
il qualifie l'indépendance de l'Algérie de purement
«formelle[8]». L'indépendance d'un peuple et de son
État fondent sinon toute la substance de la démocratie,
du moins ce qu'il y a de plus incontournable en elle. Il
convient ensuite de surmonter les conflits surgis durant
la guerre de libération et juste après l'indépendance, de
mettre réellement sur pied l'État algérien et de le rendre
viable, ce qui passe par le renforcement de ses centres
de décision, son «exécutif» au sens large de ce terme.
Dans le contexte de l'époque, la modernisation de l'armée est impérative pour faire face aux revendications
territoriales pressantes de la Tunisie, avancées dès 1959
par Bourguiba, et surtout du Maroc.

À l'indépendance, Aït-Ahmed est élu député à la première Assemblée nationale algérienne. Dès le début, il
ne comprend pas le caractère éminemment démocratique des tâches de la nation et leur oppose le pouvoir
démocratique du peuple. Il refuse d'admettre que tout
au long des phases de rupture et de renouvellement de
tous les États-nations modernes, le pouvoir national du
peuple doit d'abord se condenser presque tout entier
dans son État. L'histoire de la plupart des États
modernes, France comprise, a montré cela sans ambiguïté. Lorsqu'elle ne relève pas d'une volonté de retour
à l'ancien ordre historique, toute démarche, même
pétrie de l'amour sincère et profond du peuple et de la
patrie (comme ce fut le cas, par exemple, des premiers
grands révolutionnaires modernes français), tend fatalement au jusqu'au-boutisme ultra-révolutionnaire. Il
s'y mêle, rapidement, des tendances prononcées au
schématisme politique, au sectarisme et à l'anarchisme.

Naturellement, comme tous ces révolutionnaires, Aït-Ahmed semble s'en défendre lorsqu'il déclare : « Si j'avais le sentiment que mon action au sein de l'Assemblée pourrait cristalliser, en dehors d'elle-même, une opposition quelconque, je cesserais d'en faire partie [9]. » Ou bien encore : « J'appréhende une fois de plus qu'on me fasse un procès d'intention, qu'on me reproche d'être non constructif, voire de faire de l'obstruction [10]. » Pourtant, il n'y a aucun doute que, agissant dans la plus pure tradition de l'ultrapopulisme et de ses poussées anarchisantes, Aït-Ahmed ne veut pas percevoir les grandes tâches de la démocratie, de l'État national en tant que fondement de cette démocratie.

Alors que l'Algérie sort à peine d'une guerre terrible, après que les clans taillés dans le vif du régionalisme se sont opposés par les armes à la mise en place du pouvoir politique central, alors qu'une menace militaire, qui pourrait être catastrophique, se profile de plus en plus nettement du côté du Maroc et peut-être même de la Tunisie, alors que le jeune État national algérien vient à peine de trouver ses marques et qu'il n'a même pas réussi à affronter une seule des grandes tâches de la société, que revendique Aït-Ahmed ? Il demande tout simplement la dispersion de ces pouvoirs, à peine balbutiants, de l'État. C'est ainsi que, dès le 1er octobre 1962, il exige que le pouvoir réel passe du gouvernement à l'assemblée [11] et, le 20 novembre 1962, il dénonce « la substitution du pouvoir de quelques-uns au pouvoir des masses, de l'exécutif au législatif [12] ». La succession des événements confirme qu'il est déconnecté du peuple dont il se réclame. Même au sein de l'Assemblée nationale, dont il disait pourtant qu'elle était « le dépositaire de la souveraineté populaire [13] », Aït-Ahmed s'isole rapidement. Dès lors, il se dresse brusquement contre cette assemblée, qu'il vénérait un mois et demi plus tôt, pour lui signifier qu'elle «n'est pas un Parlement» et exiger qu'elle fasse place dès que possible à... l'expression de la souveraineté populaire [14]. Alors qu'il apparaît, aux yeux de tous, que la souveraineté populaire doit se rassembler et se concentrer tel un poing fermé dans un exécutif robuste, Aït-Ahmed veut faire en sorte que cet exécutif balbutiant soit littéralement paralysé par le législatif. Cette Assemblée qui choisit l'approche fondamentale de la démocratie et non pas une démarche velléitaire et anarchisante est déclarée non démocratique par Aït-Ahmed. De fait, il lui reproche de donner la priorité à la mise en place et à la consolidation de l'État national. En l'espace d'un mois et demi, il jette donc l'anathème sur l'Assemblée qui refuse de servir de bélier contre l'exécutif. Pour Aït-Ahmed, il s'agit d'un complot diabolique tramé par le couple exécutif-législatif contre sa personne démocratique et il songe qu'il n'y a décidément pas d'autre choix que l'activité clandestine et la lutte «absolue» contre le pouvoir dans son ensemble.

Dès lors, tout va aller très vite. Le 7 décembre 1962, au cours d'un débat de politique intérieure à l'Assemblée nationale, Aït-Ahmed déclare : «J'estime que l'essentiel de la démocratie n'est pas dans le Parlement.» Le 3 juillet 1963, il accuse le Président Ahmed Ben Bella d'être un homme «tout-puissant, aveugle et buté». Une semaine plus tard, il annonce dans une conférence de presse tenue dans sa ville natale, Aïn el-Hammam [15], qu'il engage la lutte contre le gouvernement. Le 8 août, il qualifie le projet de Constitution de «monstre constitutionnel» et clame : «Non au régime chaotique de la médiocrité, de l'improvisation et de l'arbitraire!» Le 3 septembre 1963, le

Front des forces socialistes (FFS) s'annonce comme mouvement clandestin et appelle dans un tract à voter, le 8 septembre, contre la Constitution. Ce 8 septembre, en même temps que Krim Belkacem [16], il renonce à son mandat de député et tous deux prennent ainsi le risque de singulariser la Kabylie par rapport à tout le reste de l'Algérie. Le 28 septembre 1963, le FFS est dissous par arrêté officiel. Le lendemain même, Aït-Ahmed signe irrévocablement son entrée dans l'opposition illégale au pouvoir en proclamant officiellement l'existence du FFS. En février 1964, il engage la lutte armée contre le pouvoir algérien et rallie à ses vues un certain nombre d'anciens chefs maquisards kabyles, parmi lesquels l'ex-colonel Mohand Ou El Hadj. Ce maquis kabyle est vite décimé et Aït-Ahmed se livre à l'armée tandis que certains de ses compagnons meurent les armes à la main.

Le 19 juin 1965, le Président Ben Bella est renversé par le Conseil de la Révolution et c'est le vice-président et ministre de la Défense Houari Boumediene qui lui succède à la tête de l'État algérien. Aït-Ahmed devient trop encombrant pour le nouveau pouvoir : dans la nuit du 30 avril au 1er mai 1966, tout est fin prêt pour qu'il s'évade de prison et gagne sans encombre l'Europe. Malgré les mesures d'amnistie décidées par le Président Chadli, qui a succédé à Boumediene décédé en décembre 1978, Aït-Ahmed choisira de prolonger son exil vingt-quatre années durant, puis, après un retour en Algérie de deux ans environ, il retournera à nouveau au bord du lac Léman, à Lausanne, où il séjourne encore aujourd'hui avec sa famille, en attendant d'être imploré un jour par le peuple.

Aït-Ahmed est effectivement obsédé par le pouvoir ; ce trait de caractère est singulièrement occulté par la presse occidentale qui lui ouvre régulièrement ses colonnes. Depuis les années 90, cette presse et les partis socialistes européens (français et espagnol en particulier) le présentent comme un social-démocrate « de la première heure », un démocrate conséquent, homme à principes, et même comme l'initiateur du multipartisme algérien. Ces appréciations sont complaisantes. Correspondent-elles à la réalité ?

Social-démocrate ? Dans son livre, il cite une interview de juin 1963 dans laquelle il déclarait : « Je considère le socialisme tout court, appelé scientifique, comme la seule option qui s'offre à l'Algérie [17]. »

Créateur du multipartisme algérien ? Dans ce même livre, il affirme clairement : « Il faut se méfier des alternatives sommaires : unicité ou multiplicité [18]... »

Démocrate « conséquent » ? Le 7 décembre 1962, à l'Assemblée nationale, il déclare : « Parions sur la démocratie comme valeur et méthode à la fois, comme but doctrinal et méthode politique », mais, interroge-t-il, « de quelle démocratie s'agit-il ? De la démocratie parlementaire représentative ? » Il répond aussitôt : « Le style représentatif du libéralisme occidental n'est conforme ni à notre histoire ni à nos objectifs. » Dès lors, selon Aït-Ahmed, c'est seulement dans le FLN — « un parti fort et organisé qui jouit de la confiance du peuple » — et par le congrès de ce parti unique qu'on aura enfin « l'instrument de la révolution » qui permettra de donner corps à une véritable démocratie. Aït-Ahmed émet une seule réserve : « Qui donc préparera le congrès [19] ? »

Que dire de Aït-Ahmed, « homme à principes » ? En juin 1966, dans un entretien avec Claude Richez du journal *La Suisse*, il fait cette révélation : « À l'époque, j'ai même demandé à Boumediene de faire un coup d'État. » Il lui donne l'assurance qu'en Kabylie « cette action aurait le meilleur accueil ». L'aveu est surprenant quand on sait que, pour Aït-Ahmed et le FFS, Boumediene était alors un antidémocrate de la pire espèce, quelque chose comme l'incarnation du mal absolu.

Après le renversement de Ben Bella, chute à laquelle Aït-Ahmed participe donc moralement, Boumediene est politiquement trop avisé pour s'encombrer d'un allié aussi versatile dont l'amour du pouvoir tournera d'ailleurs à la paranoïa. Lorsque Boumediene prend le pouvoir, il ne le libère pas sur-le-champ car il ne veut pas prendre le risque que son geste soit interprété comme une légitimation de son soulèvement armé contre le régime et de sa rébellion régionaliste contre l'unité nationale. Si Boumediene ne peut pas — et probablement ne veut pas — assumer les conséquences politiques d'une libération de Aït-Ahmed, il ne peut ignorer non plus que le combat de Aït-Ahmed contre Ben Bella « délégitime » son maintien en prison. Et c'est sans doute pourquoi il choisit une solution intermédiaire, où « la chose se fait sans se faire », qui témoigne d'ailleurs de son art éprouvé du compromis tactique. Donc, il crée toutes les conditions de son évasion et de son passage vers l'Europe et fait ainsi d'une pierre deux coups : Aït-Ahmed se voit récompensé de son opposition à Ben Bella et, simultanément, il est neutralisé politiquement.

Aussitôt, Aït-Ahmed ne manque pas de dénoncer le « coup d'État du 19 juin 1965 », qu'il appelait pourtant de ses vœux, et de multiplier les *fetwas* contre « la dictature militaire d'Alger ». Personne ne le prend vraiment au sérieux. En fin de compte, au début des années 70, il doit se résoudre à préparer une thèse de doctorat en droit sur « Les Droits de l'homme dans la Charte et la pratique de l'OUA» qu'il présente à la faculté de droit et de sciences économiques de l'université de Nancy II[20].

Bien entendu, Aït-Ahmed ne cesse pas pour autant son combat «démocratique». Tout en condamnant le «dictateur Boumediene», il joue à fond sur les contradictions existant au sein du pouvoir qui a renversé le «dictateur Ben Bella». Au cours de l'année 1967, il entre en contact avec le groupe des politiques liés au chef d'état-major de l'armée algérienne, le colonel Tahar Zbiri. Celui-ci prépare, cahin-caha, un coup d'État et de nouveau Aït-Ahmed entre de plain-pied dans la conspiration putschiste. Après l'échec rapide de ce putsch, engagé le 14 décembre 1967, Aït-Ahmed envoie aussitôt une lettre stupéfiante aux cadres parisiens de son parti, le FFS[21], dans laquelle il écrit notamment : «La tentative de coup d'État a hélas échoué. Certes, nous ne nous faisions pas d'illusion sur l'aspect militariste d'une partie de l'équipe zbiriste; cependant les discussions avancées que nous avons eues devaient déboucher sur un accord. En principe, les ennemis de l'équipe d'Oujda* admettaient nos thèses principales, y compris la nécessité de notre participation directe au renversement du gang actuel.»

Lorsque l'on examine, dans leurs enchaînements depuis 1962, la démarche et les différentes tactiques adoptées par Aït-Ahmed pour se propulser au pouvoir, on comprend parfaitement pourquoi il aime être appelé «l'homme qui bouge». Dès le début de l'indépendance, et alors que le pouvoir algérien est encore vacant, il prend parti pour le groupe politico-militaire de Tizi-

---

* L'«équipe d'Oudjda» : Bouteflika, ministre des Affaires étrangères, Medeghri, ministre de l'Intérieur.

Ouzou contre celui de Tlemcen lié à Ben Bella et c'est alors une tactique d'opposition frontale qui s'appuie sur les contradictions inévitables du jeune État algérien. Il échoue et prend finalement la décision de jouer l'opposant à l'intérieur même du pouvoir de Ben Bella. Député, il parie pour le législatif contre l'exécutif et tente de dresser l'Assemblée nationale contre le gouvernement. En dépit de son grand prestige personnel, ses positions anarchistes le marginalisent rapidement au sein de cette Assemblée et il gravite aussitôt ailleurs. À l'affût d'une autorité qui fût supérieure à celle du gouvernement, il réclame un congrès du parti FLN dont il espère visiblement qu'il pourrait renverser le nouveau pouvoir. Il connaît une nouvelle déconvenue. Sans autre recours pour faire chuter le gouvernement Ben Bella, Aït-Ahmed verse alors dans l'opposition armée avec pour bastion sa région natale — en fait un petit secteur de la Grande Kabylie — et finit par se rendre tandis que certains de ses compagnons sont tués dans un bref combat. De prison, il tente d'exploiter les divergences grandissantes entre Ben Bella et son ministre de la Défense Boumediene, en assurant ce dernier de son soutien et de celui de la Kabylie s'il venait à faire un coup d'État. Toutes les actions et tous les marchés qu'il conclut ou essaie de conclure répondent à une seule ambition : «devenir calife à la place du calife».

Manifestement coupé du pays et des forces qui comptent, Aït-Ahmed est dans l'incapacité de se doter des bases d'appui crédibles à l'intérieur même de l'Algérie et de ses institutions, ce qu'il confirme lui-même d'une certaine manière lorsqu'il rentre au pays en décembre 1989 : «Le déchirement est plus grand à mon retour car je ne sais pas quel pays je vais trouver, quelles gens[22].» En 1976, il s'oriente vers des alliances extérieures et soutient la politique anti-algérienne que mène avec une virulence étonnante Giscard d'Estaing. On se souvient qu'en 1975 Giscard d'Estaing était invité à se rendre en Algérie pour tourner définitivement la page, « sans la déchirer », disait-on alors, du grand contentieux algéro-français qui avait atteint sa phase aiguë avec la nationalisation des hydrocarbures en 1971. Il fut réservé au chef d'État français un accueil chaleureux, voire exceptionnel. Jusqu'alors très sourcilleux sur la « dignité de l'Algérie », le Président Boumediene avait refusé toute invitation en France qui ne se fît « par la grande porte », c'est-à-dire avec tout le protocole et tous les honneurs dus au chef d'État d'un pays souverain. La visite à la dérobée de Ben Bella au général de Gaulle n'avait jamais vraiment été digérée par l'armée et les nationalistes algériens. Aussi, lorsque Boumediene décide de rendre visite à Giscard d'Estaing dans l'ambassade de France à Alger, c'est-à-dire en territoire français, son initiative est reçue comme un véritable coup de tonnerre par tous les milieux politiques et la plupart des médias français reconnaîtront que c'était là « un geste extrêmement fort ». C'est à cette occasion que le Président français dira : « Il faut banaliser les relations algéro-françaises. » Dans sa réponse, Boumediene soulignera : « Les relations algéro-françaises peuvent être bonnes, peuvent être mauvaises mais jamais banales. »

Dès son retour en France, et à la grande stupéfaction des Algériens, Giscard d'Estaing se lance dans une violente campagne de dénigrement de l'Algérie et commet une grossière provocation en claironnant que son labrador s'appelle Jugurtha, du nom du plus prestigieux chef de la résistance algérienne[23]. Les Algériens n'ont jamais admis, ni vraiment compris, ce coup de poignard dans le dos des relations algéro-françaises. Avec le recul, on peut considérer que ce comportement incompréhensible s'explique par les rapports qu'entretenait ce Président non gaulliste avec les Américains. Ils lui auraient suggéré que le sort de Boumediene et de son régime était scellé et qu'il ne fallait donc rien entreprendre qui pût le renforcer.

Compte tenu de ces nouvelles données, les opposants au pouvoir algérien, en Algérie et en exil en France, se trouvent encouragés à sortir de leur léthargie. Est-ce un hasard si, à ce moment précis, le roi du Maroc Hassan II, le copain de Giscard, offre soudainement à Aït-Ahmed des tribunes ? Aït-Ahmed — dont le fils aîné se prénomme précisément Jugurtha — n'est pas rancunier à l'égard de Giscard d'Estaing. Il se grise encore une fois de la perspective d'accéder au pouvoir et s'embourbe dans la politique giscardo-américaine. Comme par enchantement, il se voit donc offrir le canal de l'Agence marocaine de presse (MAP) pour dénoncer l'«illégitimité» du pouvoir algérien et réclamer «l'élection d'une Constituante souveraine[24]». Ensuite, c'est grâce au *Monde* qu'il cloue au pilori un gouvernement algérien qui n'a «ni légitimité, ni légalité, ni efficience (...) un impérium édifié par un homme et pour un homme grâce à une machinerie policière colossale». Alors que la tension est vive à la frontière algéro-marocaine, il condamne ce gouvernement qui «se confère la prérogative suprême de faire la guerre à un peuple frère[25]». Or, Aït-Ahmed ne peut ignorer qu'en 1963 c'est le Maroc qui a agressé et reconnu avoir agressé l'Algérie. Il ne peut méconnaître que l'Algérie a constamment soutenu la thèse de l'intangibilité des frontières héritées de la colonisation et que le Maroc — cartes scolaires du «Grand Maroc» à l'appui — a constamment revendiqué une partie de l'ouest et du Sahara algérien. Aussi incroyable que cela puisse paraître, Aït-Ahmed réclame une «Constituante souveraine» qu'il veut asseoir sur l'abandon de la souveraineté d'une partie de l'Algérie. Aït-Ahmed douterait-il réellement du droit de l'Algérie à bénéficier de son intégrité territoriale? Aucunement. En fait, il agit ainsi parce qu'il place au-dessus de tout la conquête du pouvoir et «après on verra».

Une question est, dès lors, crûment posée par certains milieux politiques : Aït-Ahmed, en dépit de son solide passé révolutionnaire, serait-il l'«homme caché de la France», ranimé dans un premier temps par la politique algérienne de Giscard puis sous-traité par Mitterrand à partir des années 80?

Il serait proprement ahurissant de l'imaginer au service d'un pays étranger et de telles insinuations semblent davantage le fait de partis ou de personnes — trop nombreux hélas — qui ont été attaqués par Aït-Ahmed. Car il faut dire qu'il a cultivé l'art de se faire des ennemis irréductibles, y compris parmi ses plus fidèles compagnons. À son retour d'exil, en 1989, il semblait pourtant avoir pris de sages résolutions : «Il ne faut pas haïr son adversaire, il faut aimer son pays [26].» Ces intentions louables ne font pas long feu et, en 1992, il dénonce «les psychopathes du pouvoir [27]». Dans un entretien avec Le Monde, il dit du chef de gouvernement Réda Malek : «Franchement moderniste et ouvert au dialogue [28]», puis, sans tarder, dans les colonnes de Jeune Afrique, il l'accuse d'être «un incendiaire» et s'attaque aux démocrates qui pratiquent, dit-il, le «terrorisme de gauche [29]». Lorsque Boudiaf est à la tête de l'État, il confie : «Je connais Boudiaf. Ce n'est pas un homme à accepter le prêt-à-porter, le prêt-à-penser (…). Il existe un potentiel d'affectivité entre Boudiaf et moi.» Dans la même interview, il s'emporte : «Je dénonce le maccarthysme stalinien qui semble s'installer et qui demande des têtes[30].» Trois semaines plus tard, visiblement excédé que son compagnon de lutte pour l'indépendance soit à la tête de l'État, il dit de lui : «Il navigue à vue[31].»

S'il est une idée sur laquelle tout le monde s'accorde aujourd'hui en Algérie c'est bien celle que Aït-Ahmed est démocrate «tant qu'il n'est pas contesté» et qu'être promu par sa grâce numéro 2 du parti FFS, c'est pratiquement déménager pour le corridor des condamnés à mort politiques. Président permanent et auto-exilé du FFS, Aït-Ahmed est inquiet au sein même de son parti. Avant le dernier congrès du FFS, qui a été précédé par une vague de démission de cadres et de numéros 2, il a introduit une disposition qui contraint tout secrétaire général par intérim (toujours désigné par lui) à exercer cette fonction soixante jours seulement — un tourniquet qui éjecte, sous couvert de fonctionnement démocratique du parti, les intérimaires tous les deux mois. Son parcours politique est jonché d'anciens membres du FFS et de figures prestigieuses de la guerre de libération laissées en rade ou de responsables du parti — ces «vizirs de l'instant» — liquidés les uns après les autres, tels Yaha Abdelhafid, Saïd Sadi, Hachemi Naït-Djoudi, les derniers en date étant le «groupe de Tizi-Ouzou» — Saïd Khellil, Rachid Halet, Hamid Lounaouci — et bien d'autres, «disparus» des effectifs du parti sans laisser de traces.

Pour renouer avec son ambition de devenir le grand leader national de l'Algérie, Aït-Ahmed doit impérativement se doter d'une base concrète — le particularisme kabyle — tout en refusant la ghettoïsation, et contrôler énergiquement l'appareil du parti régionaliste FFS, sans doute le seul parmi les partis de l'Internationale socialiste à faire le « grand bond » en sautant directement du particularisme régionaliste à l'internationalisme.

Le FFS n'est et ne peut être pour lui qu'un levier pour actionner les forces nationales et internationales, dont l'Internationale socialiste, et un instrument capable de participer à son ascension vers le pouvoir, un marchepied, pas davantage. Dans la logique de Aït-Ahmed, la seule qu'il reconnaisse, le FFS ne peut pas et n'a pas à avoir d'objectifs et de stratégie propres. Ce parti doit se fondre dans la stratégie de pouvoir de Aït-Ahmed, avec ses « variations » tactiques, tandis que Aït-Ahmed n'entre que partiellement, selon les circonstances, et absolument comme il l'entend dans la dynamique du FFS. Sa démarche politique ne peut être ni durablement partagée ni même comprise par de fortes personnalités qui voudraient avoir leur mot à dire et signifier quelques différences. Elle doit être littéralement subie par des hommes dévoués corps et âme qui le reconnaissent quasiment comme homme mythique, comme héros. Autour de lui, il ne peut exister d'identification pensée, rationnelle, politique car il a besoin d'une identification purement subjective, passionnelle, démesurée, instinctive, exactement comme les foules exaltées qui fusionnent avec leurs leaders intégristes et font peu de cas de leur opportunisme politique, fût-il des plus criants.

Mais ce qui frappe le plus, comme l'a d'ailleurs montré une étude de l'hebdomadaire algérien *Le Pays*, c'est l'instabilité absolue des positions politiques de Aït-Ahmed. Les raisons de ses zigzags et de ces retournements, aussi ordinaires que soudains, sont évoqués par un ancien militant des Aït Ouacif, surnommé «Grand père» : «C'est là tout Hocine Aït-Ahmed. Quand il indique le nord, c'est qu'il bricole au sud ; quand il accuse quelqu'un, c'est qu'il est en train de commettre le délit en question ; bref, il faut toujours rechercher le contraire de ce qu'il dit pour arriver à le situer[32].»

Non, Aït-Ahmed n'est pas l'«homme des Français» dans le sens, péjoratif, d'un relais, d'un agent d'exécution. Il est l'homme de lui-même. Dans la mesure où les intérêts de tel ou tel pays étranger vont dans le sens de sa propre ambition, il prête le flanc aux suspicions. Il peut alors soutenir l'expansionnisme marocain, comme il l'a fait en 1976, demander systématiquement l'intervention politico-militaire directe du camp occidental contre l'Algérie, comme il l'a fait à partir des années 90, réclamer l'asphyxie économique et financière de son pays, s'allier sans vergogne, au nom de la démocratie, au FIS — dont il reconnaît par ailleurs le caractère ultra-fasciste — en janvier 1992, puis au «contrat de Rome» à partir de 1994.

Si l'on postule que son instabilité politique apparente lui est imposée par la nécessité de défendre par tous les moyens et dans toutes les conditions l'idéal démocratique, son parcours politique devient totalement inintelligible. Il en va de même si, à l'inverse, on le présente comme un agent de l'étranger ou encore comme un comploteur-né contre l'unité nationale. Par contre, si on comprend que, très tôt dans son itinéraire politique, il a contracté le «virus du chef» pour devenir ensuite un homme entièrement dominé par la passion du pouvoir et que désormais, c'est son seul véritable principe de vie, alors tout devient cohérent, tout se remet en place, tout s'éclaire sans difficulté majeure. Car c'est autour de ce fil d'Ariane, le pouvoir, que s'organisent distinctement toutes les « variations » politiques de Aït-Ahmed depuis l'indépendance de l'Algérie en particulier.

L'histoire actuelle de l'Algérie est encombrée, sinon saturée, d'ambitions politiques surréalistes, de dérives pitoyables et, hélas ! d'hommes au passé prestigieux mais qui n'ont pas compris l'irréalisme de leur come-back politique. Le cas de l'ancien Président de la République, Ben Bella, est de ce point vue désespéré. Celui de Aït-Ahmed a atteint les sommets de l'absurde et il ne recule plus devant les plus laides compromissions et les perspectives les plus aventuristes.

Ce qui apparaît malheureusement avec une clarté aveuglante, c'est qu'en aiguisant l'identification de la Kabylie à sa personne afin de mieux se propulser comme leader national de l'Algérie, Aït-Ahmed n'a réussi qu'à ghettoïser l'électorat kabyle, à révéler cruellement le caractère purement régionaliste du FFS.

En 1991, au journaliste du Grand Jury RTL-*Le Monde* qui lui demandait : « Monsieur Aït-Ahmed accepterait-il d'être ministre ? » il répliquait avec dédain : « Qu'est-ce que cela signifie d'être ministre en Algérie si l'on n'a pas le vrai pouvoir, si les fonctionnaires continuent à être nommés par le Président de la République [33] ! » En vérité, Aït-Ahmed a perdu depuis des lustres toute chance d'accéder à la magistrature suprême. En Suisse où il réside, en Espagne où il se médiatise fréquemment, en France où ses appuis algériens et français sont les plus puissants et les mieux rodés, on s'interroge sans doute sur ce qu'il fera à sa prochaine escale politique. Ce n'est pas le cas en Algérie. Ici, la plupart des hommes politiques de bon sens craignent — et se désolent — que le brillant et ardent révolutionnaire que fut Hocine Aït-Ahmed dans les années

40-50 s'engage irréversiblement dans une voie étrange-
ment semblable à celle qui a été suivie par le grand chef
charismatique Messali Hadj devenu, à partir des années
50, un ennemi irréductible de la nation algérienne en
lutte pour sa liberté.

Une nouvelle chouannerie

« Sanguinaire, brutal, le débordement de haine déferle. Sans qu'il y ait de véritable résistance des patriotes (…). Les gardes nationaux désarmés sont molestés (…). Les municipaux exécutés (…). Les registres des procès-verbaux lacérés, les biens dévastés (…). Fusillades, mutilations, empalements alternent (…). Un flot de barbarie et de haine (…). On éprouve le sentiment d'un défoulement collectif, d'une joie sanguinaire ; le fait d'une vieille dette qui se règle, le fait d'une progressive et lente maturation ; comme si des quantités de haines partielles devenaient une haine cohérente et agissante en un seul moment [1] ». On pourrait penser que ces lignes relatent la bestialité d'une de ces incursions sanglantes de commandos islamistes dans les localités rurales ou montagneuses algériennes de l'Atlas blidéen ou de l'Ouarsenis par exemple. Chacun des mots porterait à le croire : patriotes, gardes nationaux, biens dévastés, fusillades, mutilations, flot de barbarie, haine, joie sanguinaire, vieille dette. Pourtant, ces lignes retracent un moment sanglant de l'histoire de France puisque cet extrait est tiré d'un article de l'historien Claude Mazauric consacré à un certain 10 août 1793 dans les environs de Cholet. Mazauric dépeint de manière saisissante le déclenchement de la chouannerie et la vague de barbarie qui s'abat alors sur tout ce qui symbolise la république démocratique bourgeoise naissante.

Il peut paraître hasardeux, voire absurde, de tenter un rapprochement entre un épisode meurtrier qui s'est produit il y a deux siècles en France et l'aventure criminelle de l'islamisme radical aujourd'hui en Algérie. Des facteurs multiples, dont les contextes historiques, les forces en présence, interdisent en principe une telle comparaison. Pourtant, on ne peut s'empêcher d'établir un parallèle, fût-il risqué. L'islamisme radical et le terrorisme en Algérie, par nombre de leurs aspects, peuvent-être considérés comme une espèce de chouannerie du XXᵉ siècle. D'abord, deux mouvements profondément contre-révolutionnaires, au sens premier du terme, c'est-à-dire deux forces réfractaires à tout changement qui se dressent contre l'émergence d'une nouvelle organisation de la société et tentent de briser son élan vers le progrès. Dans les deux mouvements, il y a cette aversion frappante pour tout ce qui personnifie la République, pour toute marque et manifestation de modernité. Tous deux s'appuient sur une base sociale et des troupes largement populaires. Les forces de la chouannerie proviennent des campagnes, le terrorisme islamiste recrute dans certains bourgs ruraux et les milieux déclassés — dont une partie depuis peu urbanisée — des grandes agglomérations. La sous-administration de la Vendée et la configuration du relief difficile d'accès permettent aux cohortes chouannes de se déployer, d'intercepter les convois et de se replier partout avec une aisance exceptionnelle. Sur le territoire situé entre les préfectures de Blida au nord, Médéa au sud, Bouira à l'est et Aïn Defla à l'ouest, en gros l'Atlas blidéen, les trains sont déraillés, de faux barrages sont dressés, et les bandes islamistes armées profitent, elles aussi, de conditions topographiques avantageuses qui leur donnent la possibilité de s'évaporer sans difficulté dans la nature. Comme la chouannerie qui dispose d'agents et de relais partout, le terrorisme islamiste bénéficie lui aussi d'un vaste réseau de complicités dans les institutions de la République. Enfin, il y a cette férocité de la chouannerie qu'évoque Mazauric et dont on se demande si elle est comparable aux atrocités abominables commises par les Groupes islamiques armés. Si l'on considère les progrès accomplis par l'humanité depuis, certainement pas. D'ailleurs, est-il possible de décrire l'épouvante provoquée par ces attentats aux véhicules piégés, l'horreur de ces images d'êtres humains pulvérisés, ces corps déchiquetés, les traumatismes engendrés ? Existe-t-il des mots capables de rendre compte de ces moments de démence de monstres découpant vieillards, femmes et enfants à la tronçonneuse, des mots susceptibles de traduire cette cruauté hallucinante ? Bref, on massacre et on empale à deux siècles d'intervalle. Carnage à la fin du siècle des Droits de l'homme naissants, boucherie invraisemblable à la veille du millénaire annonciateur de leur épanouissement. Les uns veulent rétablir la monarchie, les autres un califat qui a disparu à jamais en guise d'État théocratique.

La chouannerie émerge là où le capitalisme est absent, sacrifié par une bourgeoisie qui fait preuve d'incapacité et d'hésitations pour l'introduire et le répandre résolument. L'intégrisme islamiste est aussi quelque part le résultat d'un ratage historique. En 1794, après l'exécution de Robespierre et de Saint-Just, c'est au nom de la clémence et de l'écœurement du sang que la campagne pour la concorde nationale est relancée par Thermidor. En Algérie, de 1992 à 1995, certains préconisent la *rahma**, tandis que les pouvoirs successifs, de Boudiaf à Zeroual en passant par Kafi, mettent en œuvre la politique de la « main tendue » pour arrêter l'effusion de sang. En vain. Comme sous Thermidor, où l'on « rechouanne » de plus belle, le terrorisme islamiste redouble de cruauté. Le terrorisme chouan ne s'éteint qu'en 1832. Trente-neuf ans ! Obsédant durablement la conscience républicaine, nourrissant les rancœurs jusqu'au début de ce siècle, la chouannerie aura été une de ces multiples déchirures que la France a vécues pour réaliser sa synthèse historique et asseoir la République et la démocratie.

L'Algérie n'a pu échapper aux processus historiques qu'ont connus toutes les sociétés modernes. Latentes, les contradictions normales qu'accumulait la société dans ses profondeurs — principalement les affrontements larvés entre le mouvement du progrès et de la modernisation de la société d'un côté et de l'autre les forces ouvertement réactionnaires et passéistes ou sous l'emprise de ces idéologies — ont fini par éclater en affrontements ouverts et meurtriers. Les premiers heurts significatifs se produisent lors des événements d'octobre 1988 qui font voler en éclats la forme surannée du parti unique et ses traits foncièrement antidémocratiques. Le malaise et les difficultés sociales qui se greffent sur la crise politique donnent à ces événements un caractère explosif. Fondamentalement, octobre 1988 correspond à l'enfantement du pluralisme social et politique qui permet l'expression au grand jour, et non plus

---

* Clémence.

larvée, de l'opposition des forces du nouveau à celles du passé et du même coup son aiguisement rapide.

Aussitôt légalisé, dévoilant sa froide volonté subversive et réactionnaire d'instaurer l'État intégriste, y compris au prix d'un holocauste, appliquant, en le multipliant par cent, le sinistre mot d'ordre des Brigades rouges — « en tuer un pour en éduquer cent » —, alternant tension permanente et carnage à grand spectacle, créant un climat où la mort peut surgir à tout instant et en n'importe quel lieu, pour paralyser les institutions, dissuader le capital étranger et épouvanter la population, l'islamisme radical, avec son bras armé, tente de détruire la confiance sociale, cet attribut de toute société un tant soit peu civilisée.

France, États-Unis, ou Italie, l'Histoire montre qu'aucun pays n'a échappé aux guerres civiles et à la violence, cette sage-femme des sociétés modernes. Mais, si les siècles passés ont pu absorber les chocs par lesquels les pays occidentaux ont pu émerger en tant que nations modernes, à un souffle du XXIe siècle une voie de ce type est absolument inapplicable et paraît même impensable, car elle conduirait certainement l'Algérie au chaos. Si le pays n'a pu se soustraire à la violence qui perdure et dont les traumatismes et les blessures seront longues et difficiles à panser, il a pu jusqu'ici faire l'économie d'une guerre civile. Tout indiquait pourtant qu'elle était un point de passage obligé. L'Histoire montrera peut-être que l'évitement d'une guerre civile n'était nullement évident au regard de la conflagration, du caractère multidimensionnel de la crise, des déchirements et de la jeunesse des institutions.

L'Algérie enfantera sans doute un Balzac ou un Hugo pour raconter cet épisode tragique de son histoire : la déferlante islamiste, son émergence, sa folie meurtrière, la République vacillante, les trahisons, la résistance des patriotes et on relira avec profit *Les Chouans* et *Quatre-vingt-treize.*

Dans sa prestation devant le Sénat sur la réforme de l'armée française, André Glucksmann soutenait l'idée suivante : « Le FIS en Algérie trouve son autorité en égorgeant des lycéennes, des chanteurs, des journalistes, et en déposant des bombes un peu partout (...). Il ne s'attaque pas spécialement, uniquement, spécifiquement, comme les terroristes de jadis, à des hommes en uniforme[2]. » Cette affirmation de l'écrivain français, confirmée quotidiennement, mérite d'être nuancée. En effet, le terrorisme commence à s'attaquer à toutes les franges de la société, indistinctement, avec les bombes et les voitures piégées à partir de 1994, qualifiée d'« année terrible ». Avant 1994, il vise prioritairement, à partir du printemps 1993, les intellectuel et les cadres de l'État. Mais, de 1991 au printemps 1993, « comme les terroristes de jadis », il s'attaque « spécialement » aux hommes en uniforme (Guemmar, 1991), en particulier durant toute l'année 1992. Les embuscades sanglantes se multiplient : Bouzrina, Dar el-Beida, Appreval...

Parallèlement aux assassinats quasi quotidiens d'agents de police isolés, les attentats spectaculaires et toujours plus meurtriers s'intensifient. C'est le cas de l'attaque de l'établissement de matériel militaire de Boughzoul[3] où dix-neuf soldats sont égorgés avec la complicité de deux militaires intégristes au moment de la rupture du jeûne, ou celui des neuf policiers mortellement atteints dans le guet-apens tendu à deux fourgons du commissariat dans un quartier de la ville de M'Sila[4]. Selon les chiffres officiels, de janvier au 27 décembre 1992, trois cents policiers sont assassinés, soit plus du double des civils. La gendarmerie décompte cent trente et un civils assassinés de février 1992 à janvier 1993 [5], dont beaucoup sont d'anciens fonctionnaires des services de sécurité ou des personnes ayant un lien de parenté avec des agents en activité, tel ce père de deux policiers tué à Baraki [6] ou cet autre, assassiné à la cité Climat-de-France (Alger), dont le fils est commissaire de police. La plupart des attentats, réussis ou manqués, visent également les commis de l'État, en particulier les procureurs, les présidents de tribunaux, les présidents de délégations exécutives communales (DEC) [7]. C'est également en 1992 que le secrétaire général du syndicat des travailleurs algériens (UGTA), Abdelhak Benhamouda (qui sera assassiné en 1997), échappe à un attentat et que commencent à Constantine les premières liquidations physiques de militants de partis politiques [8]. On peut remarquer qu'au lendemain de la publication de ce bilan par la presse algérienne, on assiste à une brutale recrudescence des actes terroristes.

La promulgation de la loi antiterroriste signée par le président du Haut Comité d'État, Ali Kafi, au début du mois de novembre 1992 offre une issue aux groupes terroristes. Cette loi leur accorde un délai de grâce de deux mois et arrête, en son article 40, l'abandon des poursuites et la réduction des peines pour les repentis. Ce texte prolonge la politique de la « main tendue » mise en œuvre par Boudiaf, avant et après l'état d'urgence instauré le 9 février qui se traduit par la libération des centres de sûreté de plusieurs centaines de « détenus qui ne constituent pas de menace pour l'ordre public [9] ». Mais ce geste, qui constitue le premier acte de clémence et traduit la volonté du chef de l'État de réduire la tension politique, n'est pas entendu par les islamistes puisqu'une partie considérable du millier de détenus libérés des centres d'internement bascule dans le terrorisme avant la fin de l'année[10]. Durant le premier mois de la *rahma* (clémence) initiée par Kafi, une quinzaine d'agents des services de sécurité sont assassinés, les attentats à la bombe deviennent plus ciblés, le nombre d'attaques et de vols à main armée d'institutions financières et économiques ne cesse d'augmenter[11]. À trente jours de l'expiration du délai de grâce, le ministère de l'Intérieur publie un communiqué dans lequel il souligne que «des semaines nous séparent encore du 4 décembre 1992, délai largement suffisant, pour ceux qui ont choisi ou ont été poussés au terrorisme, pour réfléchir et se livrer aux services de sécurité». En plus de la clémence, le ministère de l'Intérieur promet que le gouvernement est décidé, à travers son programme, à «remédier à la situation du pays et à mettre fin aux facteurs qui en sont à l'origine[12]». À l'expiration du délai de grâce, les actes terroristes persistent et s'amplifient. Deux mois plus tard, le chef du gouvernement, Belaïd Abdesslam — qui commence à lorgner la base islamiste — renouvelle son invitation au repentir en déclarant que «la porte de la clémence est toujours ouverte». Quelques heures après cet appel, la banlieue d'Alger répercute non pas l'écho de Abdesslam mais les détonations de balles de kalachnikov qui pulvérisent quatre fonctionnaires de police, dont le chef de la sûreté urbaine d'El-Harrach, dans leur voiture[13]. À quelques kilomètres à vol d'oiseau, à Réghaïa, un chauffeur qui conduisait à l'école une quinzaine d'enfants de gendarmes est abattu dans son minibus. Le jour suivant, c'est le ministre de la Défense, le général-major Khaled Nezzar, qui échappe à un attentat à la voiture piégée commandée à distance[14].

Les groupes armés appliquent à la lettre deux *fetwas*.

L'une est du prédicateur Ykhlef Cherati, proche de Abassi Madani, auquel le FIS offre la présidence du Conseil consultatif en 1989. Prononcée en 1992 (enregistrée sur cassette), elle autorise et justifie le *djihad*, versets coraniques à l'appui. Devenu numéro 2 du Mouvement islamique armé, Cherati est arrêté en février 1993 après avoir organisé plusieurs attentats contre les forces de l'ordre. L'autre est d'Omar El Eulmi, membre de la direction du FIS, fondateur et patron du Syndicat islamique du travail (SIT). Arrêté pour avoir été l'un des principaux animateurs de la grève insurrectionnelle de mai-juin 1991, il bénéficie de la politique de la main tendue et, aussitôt libéré, opte pour l'action armée et proclame la sinistre *fetwa*, placardée dans les mosquées et sur les murs de la capitale, dans laquelle il ordonne à ses «frères» de tuer «mille policiers» et de n'épargner «ni leurs enfants, ni leurs femmes, ni les vieillards».

Au printemps 1993 [15], les services de sécurité rendent public un nouvel état des lieux du phénomène terroriste. Les effectifs sont estimés à onze cents individus dont cent soixante-quinze représentent le noyau dur, la force agissante dans l'exécution des crimes tandis que les neuf cent vingt-cinq autres forment les réseaux de soutien. Les données fournies laissent apparaître que le phénomène est essentiellement urbain, même si de temps à autre il se manifeste de manière spectaculaire en zone rurale. On estime par ailleurs que la tentative de constituer des maquis est un échec, quand bien même il subsiste quelques poches dans la Mitidja [16]. Le théâtre principal des opérations est localisé dans le triangle Alger-Blida-Boumerdès où sont concentrés 80 % des actes criminels. C'est également dans cette zone, à Blida surtout, que les groupes armés subissent les plus grosses pertes, soit 90 % des cinq cents terroristes abattus à cette date. Les avantages que tirent les groupes armés de la configuration topographique de la Mitidja ne semblent pas déterminants dans la sélection de cette zone ; ce choix résulte plutôt fondamentalement des fortes complicités et de l'appui logistique que leur garantit toujours une fraction importante de la population malgré le démantèlement de nombreux réseaux et des centaines d'arrestations.

À l'est du pays, à un degré moindre que dans le centre, le terrorisme se manifeste en milieu urbain [17] par des assassinats. Entre les petites villes et la campagne des préfectures de Sétif, Batna, Jijel, il s'illustre par le vol d'armes de chasse des paysans, le vol d'explosifs dans les carrières et un important réseau de trafic d'armes situé dans l'axe Batna-Sétif. Les assassinats commis à l'ouest [18] sont attribués à des groupes de constitution récente qui paraissent s'inscrire également dans une stratégie de redéploiement visant à desserrer l'étau sécuritaire dressé autour des groupes de l'Algérois.

Des discours lénifiants ressassent l'idée d'un « terrorisme anarchique », d'un « phénomène conjoncturel » produit d'une « frustration électorale » ou d'un islamisme qui joue son « va-tout ». Contrairement à ces thèses irresponsables, sinon complices, les faits démontrent que la tactique et la stratégie terroristes sont mûrement réfléchies. Dès le début, l'aile radicale de l'islamisme, cautionnée par la neutralité et le silence criminels de la plupart des partis politiques, se lance dans une bataille qui vise un objectif central : la paralysie et la destruction des institutions de l'État. Tout participe à ce dessein : les bombes déposées dans les édifices publics, les incendies du patrimoine économique et culturel, la destruction des liaisons téléphoniques et ferroviaires, le sabotage de l'alimentation électrique... La réalisation de ce projet et le besoin en armement expliquent la priorité donnée à la liquidation des forces de sécurité dans une première phase sur laquelle se greffe une seconde au printemps 1993 : l'assassinat des intellectuels et de personnalités de la société civile.

Passés les premiers chocs, la plus large fraction de l'opinion démocratique ne prend pas la mesure de la situation. Presse, membres du gouvernement et partis politiques sous-estiment tragiquement l'ampleur de la menace terroriste. Alors que les assassinats deviennent quotidiens, que lit-on dans la presse algéroise ? Un commentateur souligne qu'il faut finalement s'y faire : «Comme en Occident (...) il faut apprendre à vivre avec [19]. » Un docteur, bardé de diplômes, expert en criminologie, assène des inepties : «Cela veut dire que nous sommes au diapason de l'évolution mondiale [20]. » Fin 1992, à la suite du démantèlement de plusieurs groupes terroristes, la presse baisse un peu plus la garde. Elle verse souvent dans un optimisme béat et suicidaire à la fois, en soutenant que le terrorisme connaît ses «derniers soubresauts». Plus grave, car venant du responsable de la sécurité du pays, le ministre de l'Intérieur du gouvernement Ghozali, donne un pronostic déconcertant. «Six mois suffiront», dit-il, pour venir à bout de «groupuscules» terroristes. Le gouvernement Abdesslam, qui succède à Ghozali après l'assassinat de Boudiaf [21], se veut lui aussi rassurant en cette fin d'année 1992. Il est vrai que le terrorisme essuie de rudes coups, tel le démantèlement [22] du plus important réseau de trafic d'armes réalisé depuis l'indépendance qui permet l'arrestation de sept cents individus, dont la moitié sont militants et sympathisants du FIS, et la récupération de huit cent quarante-deux armes, dont quatre cents pistolets automatiques. Donc, début janvier 1993, Belaïd Abdesslam croit que le terrorisme touche à sa fin et c'est à lui, du reste, que l'on doit la formule de phénomène «résiduel». Cette expression inopportune sera reprise plus tard par Liamine Zeroual et surtout par le chef du gouvernement Ahmed Ouyahia, devancés tous deux d'ailleurs par Aït-Ahmed.

Ces appréciations qui donnaient de la situation de l'année 1992 une apparence flatteuse étaient en réalité inquiétantes, irresponsables et pour tout dire désastreuses. Les analyses développées sur le terrorisme et en particulier celles relatives à ses racines et à l'origine sociale de ses troupes sont foncièrement pénétrées de populisme. Le discours qui prédomine dans ce domaine laisse généralement entendre que les effectifs des groupes armés sont constitués d'individus victimes du marasme socioéconomique (chômage, crise du logement, misère, dette extérieure...) et que leur basculement dans la violence serait l'expression d'une révolte sociale, elle-même manifestation de l'immense détresse de la frange la plus démunie de la société. Cette idée est démentie par les faits et spécialement par l'examen de la composante sociale du terrorisme. Un survol de sa composante humaine, si tant est que le mot convienne à des individus qui n'ont plus rien d'humain, montre que les maquis et les réseaux terroristes des villes ne sont pas peuplés des seuls chômeurs et marginaux «joueurs de dominos», comme se plaisent à l'écrire dans la presse française de gauche des Parisiens en mal de populisme.

En 1994, c'est un professeur d'université et un ancien chef de cabinet de préfet qui dirigent l'Armée islamique du salut dans l'ouest du pays. Les attentats sont conçus, préparés et exécutés par des agronomes, des inspecteurs des impôts, des sous-préfets, des informaticiens, des commerçants, des imams, des étudiants, des médecins, des docteurs d'État diplômés des universités occidentales grâce aux bourses généreusement distribuées par l'État algérien, des maires, ou ce préfet de Tlemcen des années 80 qui rejoint le maquis avec son fils et se fait porteur d'eau d'une escouade d'assassins. La presse algérienne fourmille d'exemples qui prouvent que la thèse de la révolte sociale ne tient pas la route. Fin septembre 1994, par exemple, les services de sécurité mettent sous les verrous huit docteurs et professeurs de médecine appartenant à un réseau terroriste. Dans le groupe armé, composé de cinquante et une personnes, démantelé en janvier 1993 dans le département de Batna, figurent deux sous-préfets et huit cadres dont trois directeurs généraux d'entreprises publiques locales. L'un des cadres, surpris avec deux membres du MIA, est alors directeur de l'entreprise... d'explosifs. Le sous-préfet de Ouled Slimane, initialement au cabinet du préfet de Batna, a quant à lui la charge des liaisons avec le MIA local pour assurer la logistique. La trajectoire du second sous-préfet, fraîchement nommé à Sidi Naâmane[23], est par ailleurs révélatrice de l'étendue des possibilités d'infiltration, de la facilité de pénétration de certaines institutions de l'État et donc des complicités dont a joui l'islamisme militant sous le régime de Chadli. Bizarrement, ce sous-préfet bénéficie d'une promotion alors que, précédemment à la tête de la direction de l'industrie de la préfecture de Batna, il avait pris une part active à l'insurrection du FIS en juin 1991[24]. Le réseau de trente-quatre individus coupables d'assassinats et de hold-up neutralisé à la même date par la gendarmerie dans la préfecture de Médéa est représentatif des différentes strates de la société. Dans le groupe, dirigé par un émir technicien aux PTT de

Médéa, figurent deux médecins du secteur privé, un pharmacien, deux techniciens supérieurs de la santé publique, un étudiant, deux artisans, un électricien auto, un tôlier-peintre[25]. La répartition des responsabilités dans ce réseau montre par ailleurs un renversement complet de l'ordre hiérarchique occupé dans la société. Dans certains cas, mais beaucoup plus rarement, la dominante peut être paysanne, comme dans ce groupe de trente-deux personnes démantelé fin janvier 1993 dans les Aurès et qui comprenait de surcroît un pharmacien, un responsable local du FLN et un cuisinier de l'université de Batna[26]. Le réseau qui a exécuté le carnage de l'aérogare d'Alger en septembre 1992 (neuf personnes déchiquetées par dix kilos de TNT) est formé quant à lui de l'ancien chef de cabinet de Abassi Madani, d'un pilote d'Air Algérie, d'un directeur d'établissement scolaire et d'un professeur de comptabilité. Les bombes qui pulvérisent des centaines de personnes sont mises au point dans l'enceinte de l'université Houari-Boumediene des sciences et de la technologie (Alger) par des enseignants-chercheurs du laboratoire de physique-chimie de l'institut où professait Anouar Haddam, le représentant du FIS aux États-Unis.

Bien entendu, l'intégrisme parvient aussi à dévoyer vers le fascisme certaines franges de la jeunesse socialement fragilisées. Une jeunesse frappée par la crise, illettrée, fanatisée par la mosquée, nourrie d'égalitarisme primaire et de populisme démagogique, décérébrée par l'islamisme dans une école dont des pans entiers sont soumis à l'emprise de l'obscurantisme. Des années durant, l'école algérienne a confié les enfants à des maîtres intégristes — dont une partie s'enrôlera dans le MIA et autres GIA — qui ont fabriqué des monstres froids, tel ce jeune de vingt-quatre ans jugé à Constantine au printemps 1993. Sorti du lycée après son échec au bac, il fréquente les *hallaqates* et les prêches enflammés animés par Achi, Mossaab, Messai, Hadjadj, les imams les plus virulents de la ville. Les prêches des idéologues égyptiens de l'intégrisme, en particulier Qotb et Ghazali, dont il collectionne les cassettes, fortifient son fanatisme et une foi qui lui commande de devenir le bras armé de l'islamisme. Sa conviction faite, sa décision prise, il se procure l'arme qui lui permet de passer à l'acte. En peu de temps, il assassine un jeune militaire de son quartier, puis trois policiers et enfin un commissaire de police qui sort de la mosquée. Mêlé à douze attentats, c'est avec un détachement effarant, sans le moindre remords, qu'il confie après chaque homicide : *n'fdtou**.

Le chemin sera certainement long pour réformer l'école et soustraire les enfants au fanatisme, à l'intolérance, à l'entreprise de conditionnement, de matraquage et de décervelage. En juin 1995 encore, on a pu vérifier, à l'occasion de l'examen d'entrée en sixième à Alger, une des traces de la culture lugubre qui s'est développée dans une école longtemps livrée à des fanatiques mais toujours entre les mains d'obscurantistes notoires, de nullités, d'incompétents. L'épreuve de dictée glorifie, au nom de Dieu, le sacrifice suprême pour la patrie qui « nous est chère et restera invulnérable tant que ses vaillants combattants la défendront. Cela est le destin des fils de l'Algérie, aussi longtemps que chacun d'entre eux répondra à l'appel de la patrie avec détermination. Sois ce fidèle combattant qui ne craint pas la mort et qui affronte les balles de l'ennemi en offrant sa poitrine,

---

* « Je l'ai exécuté ou supprimé » (cf. *El Watan* et *Le Matin*, 1er avril 1993).

en criant au nom de Dieu, le Clément et le Miséricordieux, *Allah Akbar*. Nos enfants, pourquoi avoir peur ? La mort est une fatalité tôt ou tard. La patrie est à nous, son honneur est le nôtre[27] ». Un texte démentiel par lequel on croit motiver les enfants pour défendre la patrie contre le terrorisme ! Une sinistre apologie de la mort ! Bref, un exemple qui traduit l'état de délabrement spirituel de pans entiers de l'Éducation nationale transformée en vivier de terroristes potentiels et de propagande islamiste rétrograde et réactionnaire.

Une étude des services de sécurité algériens, dont la presse algérienne a rendu compte en 1993, fait ressortir que 44 % des terroristes arrêtés sont illettrés ou ont un niveau scolaire qui ne dépasse pas le primaire. La proportion de ceux qui ont poursuivi leur scolarité jusqu'au cours moyen s'élève à 19 % ; le même rapport (19 %) est établi pour ceux qui ont atteint le secondaire. Il ressort de ce document qu'en règle générale, les universitaires, qui représentent 10 % du total, « planifient les assassinats et désignent les cibles ». La même étude indique que 49 % des terroristes arrêtés proviennent de quartiers populeux, 10 % de quartiers réellement pauvres alors que 41 % résident dans des quartiers aisés.

Le mouvement intégriste a également opéré la jonction avec tout ce que la société a pu sécréter comme pègre, canailles, truands et autres lumpen, qui n'est pas sans rappeler la « masse confuse, décomposée, flottante (…) ce rebut, ce déchet, cette écume de toutes les classes de la société » évoquée par Marx dans *Le 18 Brumaire* lorsqu'il dépeint la Société du Dix Décembre, cette lugubre organisation de bienfaisance au service de Bonaparte. Si l'analyse de la configuration sociologique du terrorisme est encore à faire et si on pourra longtemps épiloguer pour remonter aux sources de l'inté-

grisme, il reste que cet ensemble, d'apparence hétéro-
clite, ne se réduit aucunement à une horde de «gueux»,
de «délurés» et de «lampistes» comme certains le laissent accroire. La croyance que les gueux qui assassinent
sont des lampistes est tragique ; elle a été fatale à nombre
de démocrates parce que teintée d'un certain mépris des
«lampistes» dont les motivations idéologiques ont été
gravement sous-estimées. Mue par un idéal de société
pseudo-religieux en paroles mais fasciste et fanatique en
réalité, c'est en toute conscience que l'aile marchante de
l'islamisme assassine et tente de renverser la République. Le choix des cibles et la manière dont la quasi-
totalité des attentats et des assassinats ont été perpétrés
depuis 1991 attestent qu'il ne s'agit nullement d'une
révolte sociale spontanée. Les objectifs politiques, les
moments et les niveaux d'affrontement, la mise en place
de dispositifs et de schémas de guerre élaborés, la
promptitude avec laquelle les directives des politiques
sont exécutées, y compris par les groupes organique-
ment autonomes à un moment ou à un autre, sont
autant d'éléments qui démontrent que la terreur et
les crimes islamistes ont une racine et une dimension
fondamentalement politico-idéologiques. Positionné
comme une organisation de guerre, le terrorisme islamiste agit sans rien laisser au hasard.

Un hijab d'amnésie sur l'histoire

Depuis décembre 1991, une partie de la classe politique française n'admet pas, conteste et tente quelquefois d'enrayer le droit de l'Algérie d'user des moyens de
la République pour juguler la montée mortelle du fascisme sous les couleurs de l'islam. À l'annonce des résultats du premier tour des élections législatives de 1991
en Algérie, le gouvernement socialiste français accueille
sans émoi, sinon favorablement, la perspective d'un
régime islamiste. À l'inverse, l'essentiel de l'opposition
de droite, Giscard d'Estaing mis à part, affiche une
grande inquiétude. Interrogé sur l'éventualité d'un pouvoir dirigé par le FIS, le président du RPR, Jacques
Chirac, déclare : « Il ne faudrait pas hésiter le cas
échéant à revoir complètement notre politique de
coopération avec l'Algérie [1]. » Charles Pasqua, président
du groupe RPR au Sénat, est encore plus net :
« L'arrivée au pouvoir des intégristes constituerait la
négation des Droits de l'homme et je ne parle pas du
droit des femmes. » Il avertit : « Les Algériens doivent
savoir d'ores et déjà que dans cette hypothèse les principes de la politique de coopération entre la France et
leur pays seraient révisées [2]. »
   Le **porte**-parole du ministère des Affaires étrangères,

Maurice Gourdault-Montagne, paraît quant à lui tout à fait enchanté et déclare que Paris souhaite même «approfondir» les relations : «La France, dit-il, ne peut que se réjouir qu'une consultation démocratique ait pu se dérouler en Algérie, pour la première fois, trente ans après l'indépendance (…). La France continuera à s'attacher à l'approfondissement» des relations avec Alger [3].

C'est dans le même sens qu'abonde le président de la Commission des Affaires étrangères de l'Assemblée nationale, Michel Vauzelle, en estimant qu'il ne fallait pas faire de «procès d'intention» aux dirigeants du FIS car, poursuivait-il : «Il faut voir, une fois que ce parti sera au pouvoir, comment il se comporte et s'il refuse la seule possibilité économique et sociale qui est la coopération avec la CEE et, d'abord, avec la France [4].»

L'ancien ministre des Droits de la femme, Yvette Roudy, est l'une des rares personnalités du PS à ne pas se préoccuper des seuls intérêts économiques de la France. Pour elle, les résultats du premier tour «représentent une menace pour les libertés en général, et celles des femmes en particulier [5]». Il est certain qu'à ce moment-là elle aurait été plus à l'aise dans les rangs du RPR, s'agissant bien entendu de la crise algérienne, car ses positions, en harmonie avec celles de Charles Pasqua, sont en inadéquation totale avec celles de Bernard Kouchner. Invité de l'émission «7 sur 7», le secrétaire d'État aux Affaires humanitaires conseille de ne pas «dramatiser d'avance» car, assène-t-il, «l'Algérie ce n'est pas l'Iran et les intégristes ne se ressemblent pas tous [6]».

Nous n'aurons pas la cruauté de présenter la facture des crimes des «intégristes qui ne se ressemblent pas tous». L'appel à ne pas «dramatiser d'avance» est toutefois assez étrange et on serait tenté de croire qu'il relève d'un certain cynisme.

Comme on le sait, le second tour des élections législatives est suspendu et nous avons vu comment Mitterrand a tenté d'imposer son diktat à coups de « il faut ». À droite, Valéry Giscard d'Estaing est l'un des rares à condamner l'interruption du processus électoral en déclarant : « C'est une faute que d'interrompre une consultation électorale parce que les résultats ne vous conviennent pas... Toutes les dictatures du monde raisonnent ainsi[7]. » Le président de l'UDF n'avait pas montré autant de scrupules lorsqu'il côtoyait l'illustre démocrate devant l'Éternel qu'était l'empereur Bokassa. À la suite d'une visite à Alger avec Bernard Stasi, Jacques Barrot, président du groupe UDC, se démarquait de ces positions en soutenant : « L'interruption du processus électoral n'est pas un coup d'État militaire. C'est une réaction d'urgence face aux dangers d'un parti qui ne cache pas son but : le hold-up sur la société qui entraînerait le rejet de tous les mécanismes démocratiques[8]. » Le président du Parti républicain, Gérard Longuet, se positionne sans la moindre ambiguïté en affirmant : « Entre le FIS, d'une part, et le gel de la démocratie sous le contrôle de l'armée, d'autre part, personnellement, je préfère la seconde position[9]. » Pour Jacques Chirac enfin : « La fuite en arrière vers le fondamentalisme religieux n'est pas la bonne réponse aux problèmes économiques, sociaux et démographiques. Il est évident que l'intérêt de la France est que l'Algérie devienne le plus tôt possible une grande démocratie moderne, dotée d'une économie libérale solide[10]. »

Kouchner, dépité, réprouve la tournure des événements : « Les coups d'État, même à blanc, ne sont pas bons. Ils se retournent toujours contre nous[11]. » On comprend son amertume puisque, quelques jours plus tôt, il chloroformait l'Hexagone avec son triomphal «il ne faut pas dramatiser d'avance». Ignorait-il, bien que ministre, ce qui se passait depuis plusieurs jours à l'ambassade de France à Alger? *Le Monde* publiait en effet une information de son correspondant à Alger, Georges Marion, selon laquelle «des mesures de prévention sont en cours à l'ambassade de France à Alger où, à la suite de sombres pronostics sur la future situation politique, on vient de décider le recensement des tentes et couvertures disponibles pour accueillir les premiers persécutés [12]». Kouchner, qui en connaît un bout dans le rayon des guitounes et des couvrantes, avait-il été sollicité pour compléter la logistique de l'ambassade de France qui s'apprêtait à installer sur son territoire les campements destinés à accueillir les premières victimes de l'intégrisme? La suspension du scrutin se retourne-t-elle dès lors contre les intérêts bien compris de la France ou contre lui? Ruine-t-elle les projets de l'apôtre du «droit d'ingérence»? Un régime sanglant du FIS offrait la possibilité d'exhibitions sur les plateaux de télévision pour recenser les premières vagues de suppliciés et faire étalage de plans d'action humanitaire. Honni soit qui mal y pense! Claude Cheysson, alors député européen, est une des rares personnalités du PS à prendre le contre-pied de son parti en apportant un appui ouvert à Alger: «L'armée, déclare-t-il, a décidé de jouer le jeu de la démocratie [13].»

Depuis 1991, les positions des dirigeants du PS, qui ont fait pourtant du «pacte de changement» leur cheval de bataille aux élections législatives françaises de mai 1997, ne changent pas sur l'Algérie. Il faut espérer, dans l'intérêt des deux pays, que le PS se ressaisira. Lionel Jospin, qui revendique le «droit d'inventaire»

sur la gestion mitterrandienne, emprunte rigoureuse-
ment le même chemin que le précédent locataire de
l'Élysée. Interviewé en janvier 1997, par *Libération*, à
la suite d'une série d'assassinats et d'attentats islamistes
à la voiture piégée à Alger, il déclarait : « Il est si difficile de choisir un camp. Tout se polarise entre un terrorisme fanatique qui martyrise la population algérienne et un pouvoir politique auquel on ne peut
s'identifier. Je suis l'un de ceux qui, à chaque étape, ont
dit clairement leurs sentiments. J'ai condamné, alors
que j'étais encore au gouvernement, l'interruption du
processus électoral et défendu au sein du gouvernement
l'idée que nous ne devions pas l'approuver, même si je
n'ai pas été suivi. J'ai approuvé la démarche et l'esprit
de la déclaration de Rome. » Par ailleurs, Jospin estime
que « l'argument consistant à dire que les islamistes
algériens allaient vaincre par les urnes et en profiter
pour détruire les instruments démocratiques, balbutiants à l'époque, ne m'a guère convaincu (…). On pouvait donc tenter un fonctionnement plus démocratique,
pluraliste, y compris avec des forces islamistes que nous
n'aimions pas [14] ». Depuis 1991, Jospin, qui avoue
aimer mettre du Perrier dans son whisky, n'a malheureusement pas mis une seule goutte d'eau dans son vin
s'agissant de la crise algérienne. Lui qui, pendant sa
campagne électorale des législatives de mai 1997,
confiait au *Monde* que « le regard critique que nous
exerçons sur le passé est déjà une garantie [15] », ne remet
pas en cause ses anciennes positions mais confirme au
contraire qu'il se serait accommodé du FIS au pouvoir
à Alger, autrement dit d'un régime fasciste version islamiste. Dans le même entretien au *Monde*, à propos
des intellectuels, Jospin déclarait vouloir rompre les
relations fondées sur les « engouements sentimentaux »

200/

et les « passions idéologiques ». Il ajoutait : « Ce que je souhaite, ce n'est pas tellement que les intellectuels apportent leur soutien aux hommes politiques, c'est qu'ils contribuent par leur savoir à éclairer les débats publics et qu'ils nous aident à rendre le futur moins obscur [16]. » Sur la crise algérienne, Jospin est hélas, semble-t-il, à l'écoute de flagorneurs, d'adeptes de la « pensée unique » française et d'intellectuels algériens qui tous brouillent chaque jour un peu plus les enjeux de la crise alors que le paysage politique algérien s'est nettement éclairci malgré les attentats atroces que commet toujours le terrorisme.

Quand on examine les positions de Lionel Jospin sur l'islamisme algérien, on a l'impression très nette qu'il ne voit même pas la contradiction dans laquelle il s'enferme. C'est le cas notamment lorsqu'il juge d'un côté « intéressante » l'idée de son camarade Emmanuelli sur l'éventualité d'une interdiction du FN de Le Pen — lequel ne tutoie même pas les 20 % — et de l'autre encourage sinon tolère en Algérie la perspective d'un pouvoir fasciste qui a été dans l'antichambre du pouvoir en 1991 et qui, depuis, a déclenché une lutte armée qui fait des ravages dans la population.

Dans le fil des positions de Aït-Ahmed, Jospin renvoie dos à dos la République algérienne — qu'il amalgame abusivement avec tels ou tels hommes au pouvoir, qu'ils soient démocrates ou tentés par les méthodes dirigistes — et le fascisme algérien, et va jusqu'à « exiger » la relégalisation du FIS, un parti fasciste dissous pour cause de programme antirépublicain et anticonstitutionnel et d'activités subversives. À trois mois des élections législatives algériennes, c'est le secrétaire national aux études du PS, Pierre Moscovici, devenu ministre, qui montait encore au créneau en déclarant que « toutes les forces politiques », y compris le FIS, ont « droit aux élections » et que l'Algérie ne peut « sortir de la guerre civile (…) que par la démocratie [17] ».

Ces dirigeants socialistes se rendent-ils compte qu'ils ne font que reconduire, sous un autre éclairage historique mais avec un vocabulaire presque inchangé, pseudo-démocratique et pseudo-humaniste, tout ce qui a fait le déshonneur et la faillite de la traditionnelle politique coloniale de ces socialistes SFIO dont certains se rallièrent d'ailleurs au gouvernement de Vichy? N'est liberté et progrès que ce qui entre dans le champ des « intérêts vitaux » de l'État français et de son propre parcours historique. N'est pas liberté et progrès mais dangereuse anomalie tout ce qui heurte ce francocentrisme. Au temps de la colonie, les dirigeants socialistes français ont toléré et encouragé que leur pays puisse être tout à la fois un foyer de liberté et de progrès au nord de la Méditerranée et un ennemi déclaré de la liberté et du progrès des peuples au sud de la Méditerranée. À ne citer que l'exemple algérien.

Confrontés à la montée menaçante de leur propre fascisme, les dirigeants socialistes français et une bonne partie de la classe politique française en sont venus à se fourvoyer complètement sur la situation et les perspectives de l'Algérie, allant jusqu'à jouer le rôle traditionnellement dévolu aux faucons du lobby militaro-industriel, et sans même prendre la précaution de mettre deux fers au feu, comme tente de le faire une partie de la droite française. En fait ils risquent un total discrédit intellectuel s'ils persistent à juger que le fascisme est monstrueux, intolérable et impensable pour la France ou d'autres pays développés tandis qu'il serait normal et acceptable pour les autres pays. Bien davantage qu'un retour aux préjugés coloniaux d'un autre âge, cette

démarche empeste le paternalisme. Si ce n'était l'enveloppe bien fragile des mots et des belles formules, on
n'aurait aucune peine à comprendre par moments que
c'est bien de l'inégalité entre les peuples que se réclame
le discours politique de Jospin, là où Le Pen brandit la
thèse de l'inégalité des races. Bien entendu, il ne vien-
drait à l'esprit de personne de faire le moindre rapprochement entre Jospin et Le Pen, mais on peut légiti-
mement se demander si le nouveau Premier ministre est
réellement conscient de cette perversion idéologique
sous-jacente à son discours politique sur l'Algérie et à
celui de nombreux intellectuels français.

Est-il acceptable ou même concevable pour un
homme politique qui se dit démocrate et pour un parti
qui se dit de progrès d'atermoyer et de chercher, dans
quelques pays que ce soit, des justificatifs au fascisme ?
Est-il admissible que ces analyses biscornues et préten-
dument « équilibrantes » soient érigées en véritables
dogmes pour renvoyer dos à dos les forces déclarées du
fascisme et les forces, toutes les forces, qui le combat-
tent en actes et sans concession, en Algérie et ailleurs ?
Est-il tolérable que des forces politiques soutiennent
l'idée que « les intégristes ne se ressemblent pas tous »
et que d'autres songent à collaborer avec un parti dont
le leader, Ali Benhadj, déclarait en 1990 : « Quant à
Arafat, je dois dire que j'ai honte de prononcer son
nom : cet homme a troqué le fusil contre les micros
des juifs, alors qu'ils ne méritent que les coups de
sabres qui trancheront leurs cous [18] » ? Et l'on s'étonne
et l'on s'horrifie aujourd'hui que le GIA égorge et déca-
pite !

Les Français savent que leur propre pays n'est pas
immunisé contre le fascisme rampant, façon pétainiste.
Ils savent que depuis l'épopée peu glorieuse du bou-

langisme, le néofascisme a resurgi, vers le milieu des années 50, sous les traits du poujadisme, puis qu'en 1961 il s'est enhardi jusqu'à tenter le putsch du « quarteron de généraux » à contre-courant de l'histoire parce qu'ils avaient été fessés jusqu'au sang à Diên Biên Phu et mortifiés par les novembristes algériens. Qu'aujourd'hui même, le lepénisme puisse tant progresser dans la société française au point d'affoler sa classe politique, en se contentant d'agiter la thèse de la « nation-race » pure et supérieure, débarrassée de ses immigrants, montre combien le phénomène du néofascisme demeure profondément enfoui dans la société française et prêt à se redéployer à la moindre menace de rupture des grands équilibres socioéconomiques et politiques. Au plan strictement français, la gauche comme la droite traditionnelles ne manquent pas de vigilance à l'égard du néofascisme lepéniste, même s'il arrive quelquefois que les enfants de certains dirigeants fassent preuve de plus de vigilance*.

Certes, et c'est de bonne guerre, droite et gauche s'accusent mutuellement de complicité sournoise avec les lepénistes. Non sans raison, Mitterrand est critiqué pour avoir joué la montée du Front national contre la droite, et c'est effectivement sous son règne que le FN s'est affirmé comme force politique. De son côté, la gauche dirige tous les projecteurs sur le moindre flirt

---

* Au premier tour des législatives de 1997, alors que les premiers résultats tombent, Martine Aubry, candidate à Lille, déclare à la télévision : « il y a bon espoir » et, peu après, lorsqu'elle téléphone à son domicile, « sa fille furieuse l'interpelle » : « Bon espoir ? Comment peux-tu dire une chose pareille alors que le FN a fait 18 % dans ta circonscription ! » Cf. « Aubry veut faire mettre un genou bas au FN », *Le Monde*, 30 mai 1997.

poussé de la droite avec le FN et elle ne manque pas d'épingler à son tableau de chasse les gaullistes et les UDF les plus compromis, dont certains, il est vrai, seraient prêts à jurer de nouveau : « Plutôt Hitler que le Front populaire ! »

En définitive, compte non tenu des craintes sincères ou des « jalousies » partisanes, droite et gauche se situent toutes deux sur le front d'une opposition nette et globale au néofascisme lepéniste. À droite comme à gauche, des voix se sont élevées pour dénoncer l'inconstitutionnalité de l'idéologie lepéniste et pour préparer le terrain à son interdiction s'il venait non pas à tutoyer le pouvoir politique central mais simplement à le humer trop bruyamment. Déjà, quelques villes d'importance moyenne comme Marignane, Vitrolles, Orange, mais aussi Toulon ont donné un pouvoir politique municipal au FN, déclenchant l'alerte générale. Or, dans le même temps, le discours dominant en France sur la crise algérienne représente pour Le Pen une aubaine et une invraisemblable caution morale. Lorsqu'il dit que les « militants du FIS » sont des « résistants » luttant contre le « pouvoir dictatorial du FLN », il est parfaitement à son aise puisque *Le Monde* et *Libération* en font de même. Plus grave encore, lorsque sur RTL, en avril 1995, il vomit des propos ignobles sur le directeur du quotidien algérien *El Moudjahid* assassiné quelques jours plus tôt par ces « résistants », en le comparant à « l'équivalent du directeur du journal d'un parti nazi [19] », aucun intellectuel français, aucun journaliste n'élève la moindre protestation. Pas une seule voix, silence radio !

La démocratie moderne avec ses règles de fonctionnement et ses institutions n'est pas née du néant. Elle n'est pas une simple illumination de l'esprit. Fondamentalement, elle est un produit concret, déterminé par l'évolution historique et, par conséquent, on ne saurait juger réellement de la nature d'une démocratie et de ses tâches, pour telle époque ou tels pays particuliers, sans la mettre en relation rigoureuse avec son histoire spécifique. La démocratie est d'abord et avant tout en charge de l'État et de la nation modernes. Par conséquent, elle n'est appropriable que par les forces de liberté, de progrès et d'universalité et par elles seules. Ce n'est qu'ensuite, au second abord historique, une fois écartées les forces qui lui sont hostiles, une fois irréversiblement ancré et consolidé son pouvoir sur l'État et la société que la démocratie s'ébauche en système d'électivité et de représentativité universelle et que, sous cette forme, elle tend peu à peu à se faire valoir comme définitive, voire comme «éternelle». Ainsi la démocratie n'est devenue un mode conséquent d'expression et de gestion de la volonté populaire qu'au prix d'un processus très complexe, long, douloureux et souvent sanglant, de combats et de ruptures avec les forces du passé, avec la réaction.

La démocratie est une création continue de l'Histoire et tant son contenu que ses formes ont changé et se transforment encore. Mais l'essence la plus profonde de la démocratie, sa raison historique, c'est l'État et la nation modernes, comme moments d'auto-accomplissement et d'ouverture à l'universel. Ainsi, la démocratie n'est pas réductible à telle ou telle de ses formes d'expression ni même au principe sacro-saint du suffrage universel. Dans tous ses développements, elle est le moyen et le but final de l'État-nation. S'il peut sembler aujourd'hui à la grande majorité des citoyens français et à leur classe intellectuelle et politique que le modèle historique occidental est applicable tel quel, dès maintenant et sans transition, à tous les autres peuples, sans considération aucune pour les tâches nationales posées à ces peuples, c'est sans doute parce que la France a jeté un voile d'amnésie sur sa propre histoire, sur son propre processus démocratique. Ceux qui agitent aujourd'hui les formes occidentales de la démocratie comme de véritables dogmes omettent singulièrement que dans ces pays l'État-nation est désormais constitué, consolidé et définitivement à l'abri de toute contestation. Ici la démocratie a pris racine, substance et formes grâce à l'État-nation au point qu'elle est devenue un mode d'existence et une véritable psychologie de masse. C'est ce qui lui donne la force d'un préjugé de société et les citoyens français et occidentaux s'imaginent volontiers que leurs pays n'ont jamais vécu autrement et qu'il est impensable et «barbare» que d'autres pays n'accèdent pas illico presto à leur vécu démocratique actuel, sans considération pour leur propre mission historique centrale, celle de la constitution et de la stabilisation de leur propre État-nation.

Prenons l'exemple de la France en 1940. Il est incontestable que, à de rares exceptions près, tout le peuple français a ressenti l'occupation allemande comme un acte d'inhumanité, de barbarie et de profonde injustice. Mais on ne peut nier que, hormis une minorité active de résistants à la tête desquels de Gaulle, ce même peuple français a donné ses suffrages au maréchal Pétain et qu'il s'est accommodé d'un État-nation captif, d'un simulacre d'État-nation. Avec le pétainisme, c'est au nom de la légalité, de la démocratie et de la volonté populaire que l'État-nation a été rabaissé, avili et mis sous le boisseau et c'est d'ailleurs de Gaulle qui confie en 1945 : «La République? J'ai ramassé son drapeau, ses lois et jusqu'à son nom [20]!»

Avec le gaullisme, c'est au nom de l'État-nation français que la démocratie et la volonté populaire ont été interpellées et sommées de se mettre à niveau. Dans les deux cas, nous avons affaire à une rupture survenue entre la volonté démocratique du peuple et l'exigence de pleine souveraineté de l'État-nation français. Mais tandis que Pétain a voulu renouer ce lien en se réfugiant derrière l'aspect formel, et pour ainsi dire populiste, de la démocratie, au détriment de l'État-nation, de Gaulle a désavoué toute politique d'abandon qui aurait consisté à mettre l'État-nation français à la merci de ce glissement opportuniste de la volonté populaire. Pétain s'est cru fort de la volonté formellement démocratique du peuple français et lui a sacrifié ce qu'il y a de plus essentiel dans toute démocratie moderne, à savoir l'État-nation souverain. Or, dans une situation de crise profonde, propice aux abandons de toutes sortes, le choix souverain et majoritaire du peuple, même légalisé par le plus incontestable des suffrages universels, se transforme inévitablement en fossoyeur de la démocratie s'il n'est pas accompagné de la défense ferme et de la consolidation du projet de société exprimé par les tâches de l'État-nation. Et lorsque, en 1940, de Gaulle choisit délibérément d'être ultra-minoritaire au risque même, durant de longues années, de passer pour un doux rêveur, voire pour un illuminé, ce n'est pas par désamour ou mépris envers le peuple français souverain mais par devoir envers les fondements mêmes de la démocratie moderne, envers l'État-nation français, par amour de la France historique enfin, celle qui va de la Révolution de 1789 au 18 juin 1940. Qu'il ait été amené à désavouer les Français et à les considérer avec hauteur, jusqu'à les qualifier de « veaux », de Gaulle est là entièrement dans son rôle de défenseur des fondements nationaux de la démocratie et de la France historique. Comme personnage historique, il a été taillé pour les situations exceptionnelles et ce serait rester à la surface des choses que de le peindre sous les traits d'un dirigeant délirant de mégalomanie lorsque en 1961 par exemple, durant le putsch des généraux, il semble ignorer les Français et s'adresser par-dessus leur tête à son «cher et vieux pays», comme en un entretien fait de confidences. C'est que de Gaulle, en tenue de général pour bien situer le devoir de résistance, s'adresse encore et toujours à la France historique. De la même façon, lorsqu'il arrive en 1958 pour délivrer la France et son armée des colonels et généraux fascisants, c'est en tant que défenseur de l'État-nation français et de ses fondements institutionnels et démocratiques, c'est à nouveau en tant que sauveur de la France historique et de la démocratie. Il a donc toutes les raisons de s'exclamer avec indignation au cours d'une conférence de presse : «Mais pourquoi voulez-vous qu'à mon âge j'entame une carrière de dictateur ?» Objectivement restituée dans son contexte historique, l'arrivée de De Gaulle au pouvoir en 1958 fut non pas un coup d'État militaro-réactionnaire mais un coup d'arrêt donné à la remontée du néofascisme en France.

Quant aux institutions de la Ve République, elles ne furent pas, comme l'a dit Mitterrand, «un coup d'État permanent» mais un contre-coup d'État permanent. Elles ont été simplement la «façon xxe siècle» de tenir en respect la réaction française, de protéger et de consolider l'État-nation français en ouvrant des voies plus sûres à son déploiement supérieur et accéléré. Tout comme l'avaient fait, avec les costumes d'époque, Napoléon Ier puis Napoléon III, ou bien encore la dictature militaire de Cromwell pour l'Angleterre. Les accusations et les moqueries contre le «jeu stérile des partis» ne firent pas davantage de De Gaulle un antidémocrate, puisque c'est bien la IIIᵉ République qui a préparé le terrain à Munich et au pétainisme et que la IVᵉ République est morte de ses propres incohérences face à la simple menace d'un coup d'État militaire. Certains intellectuels français auraient, semble-t-il, tourné en dérision le général de Gaulle en le comparant au général Boulanger. Or, Boulanger n'est pas le précurseur du gaullisme, il est le précurseur du poujadisme. Quant à Mitterrand lui-même, n'a-t-il pas trouvé «finalement inopportun» de changer de République et ne s'est-il pas, quatorze années durant, régalé de ce «coup d'État permanent»?

«L'armée prendra le pouvoir à Alger. Et, moi, constatant qu'il n'y a plus d'État, je prendrai le pouvoir... pour sauver la République[21].» Ces propos, on l'aura deviné sans peine, n'appartiennent ni à Boudiaf, ni à Zeroual. Ils n'ont pas été tenus au lendemain du premier tour des élections législatives algériennes de décembre 1991 marquées par l'incontestable victoire électorale du FIS. Il s'agit des intentions affichées par le général de Gaulle à la veille du 13 mai 1958 qui voit le soulèvement des militaires français à Alger. Le général manifeste ce dessein au moment où la France est menacée par le risque de dislocation de l'État, où elle est ébranlée par le tourbillon du mouvement de décolonisation que sa classe dirigeante est inapte à affronter. Parce qu'elle considère, pour l'essentiel, que la France est ingouvernable et qu'elle est grosse d'une guerre civile — crise qu'elle impute au système des partis —, l'armée française exige le retour du général de Gaulle à la tête du pays. Le 29 mai, alors que le président Coty est sur le point de proposer au général de Gaulle de former un gouvernement, l'armée arrête in extremis le déclenchement de son opération « Résurrection », c'est-à-dire le parachutage de militaires sur la région parisienne en vue d'imposer un pouvoir gaulliste à la France. À ce summum de la crise politique, ce n'est donc pas le suffrage universel et la sacro-sainte souveraineté populaire qui tranchent, dans un premier temps, la question de la « légitimité » du pouvoir. Dans un pays aux traditions démocratiques fortement enracinées, l'institution militaire n'aura aucun état d'âme pour imposer de Gaulle. Appelé par René Coty à la présidence du Conseil le 1er juin, le général était pourtant invité à rejoindre le « musée », trois jours plus tôt, par deux cent mille Parisiens défilant de la Nation à la République. Deux ans auparavant, aux élections législatives qui avaient vu la débâcle du parti qui se réclamait du général, un sondage n'avait accordé à de Gaulle que 1 % des intentions de vote ! L'armée ne fera donc pas dans la dentelle et ne s'embarrassera nullement de considérations formellement légitimistes pour dicter sa volonté.

C'est avec un appareil de l'État tenu d'une main de fer que de Gaulle organise le 28 septembre le référendum sur le projet de réforme constitutionnelle qui lui donne des pouvoirs encore plus étendus. Personne ne plaidant pour le suffrage universel, le débat ne fut même pas ouvert. C'est par un collège de grands électeurs qu'il est porté en décembre à la magistrature suprême. Plus tard, l'autorité de l'État restaurée, évoquant cette séquence de l'Histoire, de Gaulle dira : « La dictature momentanée, que j'ai exercée au cours de la tempête, et que je ne manquerai pas de prolonger ou de ressaisir si la patrie était en danger, je ne peux pas la maintenir puisque le salut public se trouve être un fait accompli [22]. »

Si ce type de solution ne paraît plus tout à fait conforme aux idéaux démocratiques de cette fin de siècle, c'est sans doute parce que l'Occident a eu le temps d'opérer (à quel prix!) la densification et le resserrement de son tissu social, économique et culturel. Il a pu se doter aussi, à la faveur des crises, de mécanismes juridiques et d'instruments institutionnels et politiques de démocratisation de la société qui permettent désormais d'amortir les conflits sans heurts sociaux majeurs. Si la démocratie ne peut supprimer les antagonismes d'une société, elle permet, dans ces conditions, de les résoudre de façon civilisée, non violente et sans le recours permanent à l'état de siège.

Ces conditions — multipartisme, parlementarisme, suffrage universel, société civile, citoyenneté, individualité —, attributs indissociables de la modernité, sont le résultat de constructions séculaires de sociétés qui ont abandonné un mode d'organisation sociale fondé sur le communautarisme, l'ordre féodal, le dogme religieux pour en inaugurer un autre bâti sur la propriété capitaliste, l'opinion publique, la reconnaissance de l'individualité et la laïcité dans le cas très particulier de la France. À propos de laïcité, le désir de certains partis démocratiques algériens de copier à tout prix le modèle de l'État républicain français est tout à fait burlesque quand on sait que la laïcité est spécifique à la France et que, de surcroît, elle ne concerne pas tout l'Hexagone puisque le régime concordataire est encore en vigueur dans les départements du Bas-Rhin, du Haut-Rhin et de la Moselle qui ne sont donc pas soumis au régime de séparation de l'Église et de l'État. On oublie tout aussi facilement que dès sa naissance, dans des conditions dramatiques et tumultueuses, la République française provoque des déchirements et des antagonismes durables entre ceux qui lui sont favorables et ceux qui lui sont réfractaires. Il faut se rappeler que la France est revenue sur la République et que la troisième du nom, qui n'est pas si lointaine, n'a été entérinée que par une voix de majorité « sans que l'on soit certain qu'il n'y eut pas d'erreur », comme l'écrit Jean-Marie Pontier[23]. Il faut attendre notre époque pour que cessent les hostilités, que s'éclipsent les haines et qu'enfin la République soit acceptée par tous. Garante des libertés, cette République n'a pas pour autant accepté les forces politiques qui lui étaient opposées. La violence et l'intolérance qui inaugurent son histoire ont été telles que ses promoteurs se dégageront difficilement des réflexes de défense et de raidissement. Pontier souligne qu'il faut attendre la Ve République pour que les libertés soient réellement couronnées.

Dans les années 40, et bien qu'elle eût été largement « travaillée » par l'industrialisation et les concentrations urbaines, la France demeurait un pays essentiellement rural et l'influence du conservatisme et de la réaction politique y était encore très importante, comme en témoignent les luttes farouches autour de la loi de 1905 sur la laïcité. Les femmes en particulier, dans leur grande majorité rurale et semi-rurale, restaient sous l'influence du clergé, et leur vote, en faveur de la calotte et de la réaction, aurait constitué une menace trop périlleuse pour l'avenir de la démocratie et de la République. Cela était inacceptable, et jusqu'en 1945, toutes les Françaises dans leur ensemble ont été privées du droit de vote et d'éligibilité et on les a déclarées corps inconstitué et incivil face au corps constitué et civil des hommes.

Les misérables railleries qui partout, en France et en Occident, ont accompagné les femmes engagées dans leur lutte pour leurs droits à la citoyenneté — luttes dites « bourgeoises » par la gauche et « gauchistes » par la droite — ne rendront jamais assez compte du profond traumatisme subi par ces héroïques avant-gardes féminines, par ces « féministes », incontestablement progressistes, et qui ont payé pour la masse. Refuser le droit de vote et l'éligibilité aux Françaises jusqu'en 1945 était quelque chose de profondément détestable, barbare, c'était quelque chose comme un véritable racisme sexiste. Mais ne pas temporiser et reconnaître immédiatement ce droit à l'ensemble des Françaises relevait d'un suicide politique. On ne pouvait pas ignorer le poids énorme du conservatisme — entretenu principalement par l'activité du clergé et des curés en premier lieu — qui annihilait la conscience démocratique de la grande majorité des Françaises. Une situation dont elles n'étaient pas les premières responsables mais les premières victimes, en raison d'abord de leur mode de vie borné et des traditions antiféminines de la paysannerie. Ainsi, on ne pouvait se permettre de jouer au jeu formel de la démocratie et, à la faveur du suffrage intégral, réellement universel, transformer ce profond conservatisme en une arme politique redoutable au service de la réaction. Même si la moitié de la France devait être privée de la citoyenneté, il ne fallait à aucun prix livrer le bastion démocratique de l'État et des institutions à une société encore impréparée à jouer, en son entier, le jeu démocratique. La moitié de sa population au moins privée de citoyenneté ! C'est donc le prix fabuleux que la démocratie française a payé jusqu'en 1945 pour éviter l'avortement !

Aujourd'hui encore, les Français déplorent la sous-

représentation des femmes dans les institutions diri-
geantes de l'État, dans les assemblées d'élus, à la tête des
entreprises publiques ou privées et dans les directions
des partis politiques. Les surenchères partisanes électo-
ralistes cruellement éclairées par le rôle et le poids politique des femmes dans les autres pays occidentaux —
les pays scandinaves par exemple — ont poussé peu à
peu les Français à chercher des voies « non démocratiques » pour améliorer le visage de la France. Ainsi
Lionel Jospin impose par le haut un quota déterminé
de femmes comme candidates de son parti aux compé-
titions politiques, ce qui n'a pas manqué de susciter de
fortes réticences aussi bien chez les cadres et militants
socialistes que dans leur électorat. Mais en voulant
accroître l'importance et l'influence des femmes dans la
vie politique, que fait-il sinon malmener le suffrage universel dans son propre parti ? La droite, forcément partie prenante de cette volonté de changement, conjuguée
à une surenchère électoraliste — comme à gauche —,
semble plutôt vouloir s'orienter vers les nominations de
femmes plus nombreuses à des fonctions marquantes
dans les instances gouvernementales et administratives.
Les uns veulent opérer en amont, tout à fait au premier
niveau, tandis que les autres souhaitent le faire en aval,
en fin de parcours, une fois les victoires électorales assu-
rées. Quant au fond, de part et d'autre, on est prêt à
s'écarter des chemins tracés par les résultats du suffrage
universel — dans lequel les femmes sont entièrement
partie prenante — et à violenter le cours normal de la
démocratie. Alors que c'est la question démocratique
qui est au cœur de l'enjeu, on feint de croire de part et
d'autre qu'il s'agit d'une question spécifiquement fémi-
nine et on s'abîme même en longues réflexions psycho-

politiciennes pour savoir s'il n'y aurait pas là quelque inacceptable paternalisme à l'égard des Françaises.

Si le problème résidait dans le dépassement d'une ségrégation de type sexiste dans les institutions politiques, s'il s'agissait d'une problématique purement féministe, on aurait abouti, immédiatement après 1945, à ce que les femmes elles-mêmes poussent résolument en avant et à tous les niveaux leurs propres représentantes et leur donnent leurs voix. Cette question de la représentation des femmes aurait été réglée de cette façon et dès cet instant. Pourquoi cela n'a-t-il pas été le cas ? D'une part, parce qu'il était logique que le sevrage d'un siècle et demi laisse des traces profondes et durables sur la conscience des femmes, qu'il les maintienne beaucoup plus dépendantes que les hommes des traditions et des valeurs culturelles et politiques du conservatisme et de la réaction ; d'autre part, parce que cette question n'était féministe que dans son expression avouée mais pas dans ses fondements les plus essentiels et dans sa nature la plus profonde.

Ce n'est donc pas faire injure aux Françaises et aux Français que de souligner qu'ils ont encore à avancer vers la démocratie. Si leur démocratie est certainement bien développée, fortement structurée dans la société et dans les institutions, on ne peut taire pour autant deux éléments qui fragilisent le « socle républicain » français : l'incapacité de la France à assumer toutes les implications d'une véritable citoyenneté à l'égard de ses propres ressortissants, les femmes et les « exclus », d'autre part l'activité lente et insidieuse des termites bruns qui rongent les piliers de cette démocratie.

Il s'agit non pas d'assombrir à tout prix le tableau mais de bien voir que certains problèmes sont porteurs de risques sérieux pour la démocratie. Il suffit d'en citer quelques-uns :

— L'attitude profondément trouble et contradictoire de la grande majorité des Français à l'égard de l'immigration qui se manifeste soit par le rejet ciblé et quasi raciste des immigrants d'Afrique du Nord — les Algériens au premier plan — soit par l'hégémonisme et le forcing pour l'intégration, c'est-à-dire le refus des différences, idéologiquement et politiquement saines.

— Le scepticisme et la désaffection grandissants à l'égard des pouvoirs publics et de la classe politique en particulier, en raison notamment des promesses électorales non tenues tant à gauche qu'à droite, de la progression du chômage et de l'exclusion sociale qui sapent les fondements égalitaires (et non pas égalitaristes) de la citoyenneté et de la démocratie.

— Le traitement violemment contradictoire et arrogant de la question démocratique à l'extérieur selon qu'il s'agisse ou pas de pays et de régimes sous l'influence quasi directe de la France ou qui entrent dans sa zone d'intérêts économiques et géostratégiques comme l'Arabie Saoudite, l'Irak, la Chine, le Maroc, l'Iran.

Ce sont là autant de dérives et de graves inconséquences à l'égard de la question démocratique qui ne peuvent manquer de faire apparaître, tôt ou tard, le discours démocratique français comme quelque chose de contingent, purement tactique voire artificiel.

Avec ses provocations incessantes, ses «bons mots» et ses phrases assassines, ouvertement néofascistes et racistes — du «Durafour crématoire» à l'inégalité des races, pour ne citer que les plus spectaculaires —, Le Pen ne crée pas *ex nihilo* le terrain de l'antidémocratisme le plus abject. En fait, il utilise les tendances contradictoires et négatives déjà existantes dans le processus démocratique français. Il amplifie ces tendances anti-démocratiques, il les débarrasse de leur phraséologie hypocrite, il les durcit et les mène à leur expression ultime, la plus inavouable. En flattant les plus vils instincts des Français et des Occidentaux en général, Le Pen ne fait que dire haut et crûment ce qu'une grande partie du bon peuple français — allaité au colonialisme puis au néocolonialisme qui sont la négation brutale puis «adoucie» de la démocratie — n'ose pas s'avouer à elle-même sous peine de faire imploser sa propre conscience démocratiste et humaniste.

Le processus démocratique français est donc bien loin d'être un processus de «pure démocratie», un modèle démocratique et républicain quasi parfait tel que le perçoit la très grande majorité des Français et tel que le martèlent, surtout en direction du tiers monde, les hommes politiques et les intellectuels français de tout bord.

Le même type de raisonnement pourrait être développé à partir de l'analyse des institutions de la Vᵉ République. Ce qu'on a appelé et qu'on appelle toujours «domaine réservé» du Président qui, à vrai dire, est le domaine réservé de l'État-nation français, est aussi un domaine interdit à la démocratie, en particulier en matière de Défense nationale et de politique étrangère. Ce privilège présidentiel pèse de tout son poids, quand bien même cette «notion ne figure pas dans la Constitution», comme l'a déclaré en juin 1997 le porte-parole du ministère des Affaires étrangères. On peut mesurer la portée de cette clause officieuse, s'agissant de l'Algérie par exemple, depuis la cohabitation Chirac-Jospin. Le locataire de Matignon*, qui ne partage pas

---

* Fin mai 1997, à la veille des élections législatives en Algérie, il exprime ses réserves sur ce scrutin et sur le pou-

la même vision que le chef de l'État sur la crise algérienne, est « contraint » de tenir compte du « domaine réservé » et les premiers propos de Védrine sur l'Algérie sont en porte à faux avec les positions des dirigeants socialistes. La démocratie et le peuple, qui ont porté Jospin à Matignon, n'empiètent donc pas sur le domaine du Président, et avant même les résultats du scrutin, fin mai, Chirac avait cerclé ostensiblement son domaine en rappelant que « la France doit parler d'une seule voix ».

Les dispositions constitutionnelles de la Ve République permettent de délimiter de grandes zones inter-

---

voir algérien. Le 11 septembre 1997, le gouvernement socialiste semble amorcer un virage sur la crise algérienne et l'AFP titre : « La France sort de sa réserve et condamne les extrémistes islamistes ». C'est en effet Hubert Védrine qui déclare devant les parlementaires socialistes français réunis à Montpellier : « Il ne s'agit pas de violences aveugles, mais d'une manière de s'opposer à un début de dialogue entre le gouvernement algérien et certains islamistes légalistes qui porte ses fruits. » Il faut préciser que les États-Unis avaient modifié leurs positions au lendemain des législatives. La veille de la déclaration du chef de la diplomatie française, l'ambassadeur américain à Alger, avait déclaré à l'issue de son entrevue avec Zeroual : « Le gouvernement des États-Unis condamne les massacres horribles, les attentats à la bombe et les attaques contre les civils algériens. La continuation de cette violence est un crime pour tout peuple civilisé. Nous appuyons les mesures militaires, compatibles avec un État de droit, pour la protection des civils » (cf. *El Watan*, 11 septembre 1997). En tant que chef du gouvernement, Jospin s'est prononcé à deux reprises sur la crise algérienne. Le 16 septembre 1997, au *Monde*, qui remarque que les positions de Védrine sont aussi favorables au « régime en place en Algérie » que celles de Chirac et de la droite, Jospin déclare : « Au plan officiel, le gouvernement français est contraint dans son expres-

dites à l'exercice de la démocratie et on le voit, par exemple, dans le soin extrême mis à écarter le FN d'une véritable représentation parlementaire et gouvernementale. En la matière, les politiques français — les gaullistes en premier lieu — agissent en véritables démocrates, en démocrates conséquents. En effet, ils considèrent avec justesse que le jeu démocratique n'est jamais quelque chose d'abstrait, d'immatériel, que ses règles universelles ne peuvent prétendre à l'universalité que si elles expriment les particularités démocratiques concrètes des peuples, que ce jeu démocratique doit être un bien mis constamment et sans défaillance au service

---

sion. Prendrait-il des initiatives qu'elles ne seraient pas reçues, nous le savons. Nous devons pourtant répéter — je le fais ici — qu'un processus de démocratisation est indispensable à l'Algérie. Hubert Védrine ne pense pas autrement.» Le 29 septembre 1997, à la question de TF1 : «Tous les gouvernements français, de gauche ou de droite, semblent être extrêmement gênés pour condamner ce qui se passe là-bas, et surtout pour montrer les responsables», Jospin répond : «Dans le cas de l'Algérie, la très grande difficulté, c'est que nous ne savons pas comprendre ce qui se passe véritablement en Algérie. Nous voyons bien une terreur affreuse, une violence scandaleuse qui se développent contre la population, mais il est extrêmement difficile d'identifier ce qui se passe. Nous ne sommes pas au moment du Chili de Pinochet, si vous voulez, où des démocrates lutteraient contre un pouvoir dictatorial. Nous sommes contre une opposition fanatique et violente, qui lutte contre un pouvoir qui, lui-même, utilise d'une certaine façon la violence et la force de l'État. Alors, nous sommes obligés d'être effectivement assez prudents (…). Nous avons déjà été frappés. Je dois veiller à ces questions, c'est ma responsabilité (…). Je suis pour que nous prenions nos responsabilités, mais en pensant que la population française doit aussi être préservée. C'est lourd de dire cela. Mais vous comprendrez aussi pourquoi il est de ma responsabilité de le dire.»

de l'État-national français. L'idée que l'on peut, dans l'intérêt de la nation française, geler des pans entiers de la démocratie — et non des moindres — est devenue un acquis de la conscience démocratique du peuple français et de l'ensemble de sa classe politique. Notons également que, dans toute démocratie représentative, la légitimité élective — qui est première — est complétée par d'autres titres de légitimité qui la surveillent et l'équilibrent. Que fait en effet le Conseil constitutionnel lorsqu'il modifie la copie des élus du peuple? La Constitution contient des dispositions qui réduisent la liberté des élus comme celle des électeurs au nom de valeurs et de principes fondamentaux. Le contrôle de la constitutionnalité des lois a justement pour objet de borner la légitimité élective et ne saurait donc être confié à des autorités dont le mandat dépend de la faveur des électeurs.

Certaines questions sont strictement interdites au vote, qu'il soit parlementaire ou populaire. Le constitutionnalisme français, qui date de 1958 et idéologiquement des années 70, est en ce sens l'expression de la primauté des droits et libertés fondamentaux, protégés par la Constitution, sur la loi votée par la représentation nationale. Au nom des principes constitutionnels qui reflètent la volonté nationale de façon plus fondamentale et plus permanente, le juge constitutionnel a donc le pouvoir de censurer la volonté politique majoritaire pour protéger les valeurs intangibles de la nation, les droits des individus et des minorités et « cette vocation serait rendue sans objet si le juge constitutionnel devait son mandat à une majorité de même nature[24] ». Si la Constitution algérienne de 1989 n'avait pas été violée par Chadli et si les institutions algériennes avaient assumé leur rôle entre 1989 et 1991, le FIS n'aurait pas été légalisé d'une part et d'autre part les élections législatives ne se seraient jamais déroulées, car il s'agissait non pas d'un vote d'alternance mais d'une élection qui mettait la République aux voix. Quel est le républicain et démocrate français qui est prêt à souscrire à un scrutin de ce type pour son pays ? Hélas, lorsqu'il s'agit des problèmes qu'affronte l'Algérie, la majorité de l'élite française devient immanquablement amnésique.

Telle qu'elle est vécue aujourd'hui en Algérie, la question démocratique ne peut faire non plus l'impasse sur l'histoire. Sans entrer dans le détail, il est indispensable de faire certaines observations qui sont autant de repères et d'éléments à prendre en considération pour aborder cette question.

1. Les attributs élémentaires de la démocratie ont été bafoués durant cent trente-deux ans de colonisation. La guerre d'Algérie est entièrement le fait de la France qui a refusé d'aménager, par le moyen des urnes et du suffrage universel, une solution démocratique et pacifique à la crise algérienne devenue particulièrement flagrante dès mai 1945.

2. En tant que telle, l'indépendance de l'Algérie est un acquis de la démocratie universelle.

3. D'emblée, le modèle de société algérien a porté la plupart des grandes valeurs modernes du XXᵉ siècle de façon quasi instantanée et dans presque tous les domaines il a intégré à ses propres valeurs de civilisation ce que les pays occidentaux ont mis deux siècles et parfois davantage à élaborer et à digérer.

4. Il est par conséquent dans l'ordre des choses que trente années à peine après son indépendance, ce saut de l'Algérie dans son futur moderne, un saut incompa-

rablement audacieux, sans parachute, ait fini par engendrer des contradictions insoutenables, des secousses dramatiques, des vagues géantes qui semblent devoir submerger toute la société algérienne et faire imploser ses institutions. Il n'y a là rien d'extraordinaire et les Français le savent bien puisque, entre 1789 à 1945, il s'est écoulé un siècle et demi avant que leur société n'ait été jugée apte à absorber et à étendre la citoyenneté politique intégrale et certains grands acquis sociaux que l'Algérie met en œuvre dès son indépendance.

5. Cet assaut frontal et massif donné par l'État national algérien, à peine constitué, aux grandes valeurs modernes du XXᵉ siècle a eu pour conséquence fatale, normale, de libérer les puissantes forces du conservatisme, lesquelles ont fait jonction avec l'idéologie réactionnaire des Frères musulmans. C'est dans ces conditions que l'islamisme politique a pu s'ériger en alternative à l'État-nation algérien et à ses grands choix de modernité et de progrès. L'islamisme politique s'est-il posé la question de l'alternance au sein de la démocratie moderne ? Jamais et il le répète lui-même constamment en paroles et en actes, et seuls les naïfs impénitents et certains intellectuels organiques de la France officielle veulent le faire croire. Par contre, l'islamisme s'est posé la seule question qui vaille à ses yeux : celle des funérailles de la démocratie.

6. Au lendemain des élections municipales du 12 juin 1990 qui ont donné des résultats dangereusement favorables à l'islamisme politique, il était devenu impossible à quiconque de ne pas percevoir que la poursuite mécanique et précipitée du processus électoral — scrutins législatif puis présidentiel — allait entraîner inévitablement l'effondrement de tout l'État national algérien et du même coup l'anéantissement de ses

acquis démocratiques et modernes, quelque idée qu'on ait par ailleurs de l'ampleur et de la fragilité de ces acquis. C'est pourtant ce qu'a fait l'ancien président Chadli, travaillé au corps depuis de nombreuses années par son entourage immédiat et notamment par son «conseiller éducateur» l'Égyptien Ghazali, figure mondiale de l'islamisme politique, qui, du Caire, légitimera le terrorisme algérien avant de vendre son âme au diable.

Les Français peuvent parfaitement avoir un aperçu de la situation dans laquelle se trouvait alors l'Algérie. Il leur suffit pour cela de supposer un instant que le FN remporte la majorité des municipalités de France et que, dans ce contexte périlleux, le Président français prenne acte de la victoire du FN et ordonne aussitôt, au nom de la démocratie, d'aller au pas de charge vers des élections législatives puis présidentielle! En comparaison de ce qui s'est passé en Algérie à partir de juin 1990, les quelques municipalités arrachées par Le Pen sont des peccadilles mais les Français ont pleinement raison de s'inquiéter et de prendre le deuil pour Toulon, Vitrolles, Marignane et Orange. Quand on observe les angoisses et les réactions provoquées par la perte de ces villes, on ne voit pas comment les Français et leurs dirigeants, si vigilants et si perspicaces sur la question démocratique, se laisseraient aller à une conception naïve et idéalisée de la démocratie et consentiraient à ce que le fascisme lepéniste poursuive sa progression impunément par la bande démocratique, jusqu'à mettre en danger l'État-nation français, jusqu'à saper ainsi les fondements mêmes de la démocratie.

7. Comment donc ces Français et leurs dirigeants réagiraient-ils si un de leurs hommes politiques, de

réputation démocratique établie, leur commandait alors de poursuivre un processus électoral et d'aller, dans la foulée, à des scrutins nationaux afin de mettre le FN «à l'épreuve du pouvoir»? Que diraient-ils de ceux qui prendraient une telle initiative? Comment réagiraient-ils? En démocrates conséquents et en patriotes sans doute, et beaucoup ne manqueraient pas d'accuser les responsables et les initiateurs d'une telle démarche d'être des fossoyeurs de la démocratie française et, pourquoi pas? des taupes lepénistes.

Après avoir suspendu de justesse le processus électoral en janvier 1992, stoppé la politique d'abandon de l'État et conjuré ainsi le péril fasciste qui, par islamisme politique interposé, l'avait saisie à la gorge, l'Algérie a-t-elle fait autre chose que le général de Gaulle en 1958, toutes différences historiques gardées bien entendu? Certains acteurs ne s'y sont pas trompés. Comment en effet mieux fonder ce qu'il y a de légitime dans ce parallèle historique, qu'en retrouvant (paradoxe de l'Histoire!) François Mitterrand comparer en 1958 de Gaulle à un dictateur sud-américain, puis récuser son «coup d'État permanent» et, en 1992, à propos de l'Algérie, disserter sur un coup d'État et prétendre intimer l'ordre de «reprendre le processus électoral».

Le rapprochement, on peut le faire ensuite, entre juin 1940 et janvier 1992. Tout comme la France autour de De Gaulle le 18 juin 1940, c'est autour de Boudiaf, figure légendaire de la révolution algérienne du 1er novembre 1954, que l'Algérie républicaine a brisé le complot fasciste animé par l'islamisme politique. Parmi ceux qui se délèguent aujourd'hui pour l'expertise démocratique de l'Algérie, d'aucuns seraient sans doute indignés que le peuple français fût «pris en otage» entre Pétain et de Gaulle, entre la capitulation et la résistance. Bizarrement, beaucoup de Français s'étonnent du rôle joué par l'armée au moment où la République vacillait et Thierry Desjardins confirme cette surprise, lui qui écrivait dans *Le Figaro* : «Il ne restait plus que l'armée que tous les vrais démocrates appellent de leurs vœux depuis des mois, aussi curieux que cela paraisse pour ceux qui ne vivent pas dans l'Algérie d'aujourd'hui[25].» Est-elle si loin la France de 1958 qui voyait *Le Monde* apporter un soutien résolu à de Gaulle par la plume de Jacques Fauvet écrivant le 27 juin 1958 : «Entre la République et le fascisme il n'est présentement qu'un rempart : la personne du général[26]»?

En 1992, les Algériens ont été eux aussi très pratiques en faisant appel à l'une des figures vivantes les plus prestigieuses — la plus sincère dans tous les cas — de la révolution du 1er novembre 1954. Pour bien signifier ce ressourcement historique de l'État national algérien et sa permanence, ils ont créé un Haut Comité d'État (HCE) dont le Président Boudiaf rappelait les missions dans un ultime discours, avant d'être assassiné, en juin 1992 : «L'objectif premier du HCE est de rendre l'État respectable, du sommet à la base (...) Le deuxième objectif du HCE est de rendre la tranquillité aux citoyens. Le pouvoir actuel doit en finir avec les actes de violence (...). Le troisième objectif du HCE est relatif au processus démocratique. Il faut revenir à la démocratie, mais à une véritable démocratie, pas à une démocratie d'anarchie...» Si Boudiaf qualifie la période Chadli (1989-91) et ses soixante partis et partillons de «démocratie d'anarchie», de Gaulle est encore plus acerbe pour la IVe République qu'il va jusqu'à baptiser de «démocrassouille». On sait aussi avec quelle férocité il apostrophait les partis et les parlementaires de l'époque : «des pantins», «des nains», «des tricheurs», «des guignols», «des zigotes», «des planches pourries», les députés gaullistes n'étant pas davantage épargnés : «Flattez-les, flattez-les encore, flattez-les toujours[27]!» ironisait-il.

La rupture qu'opère de Gaulle avec toute manifestation de régression historique et tous les aspects sclérosés de sa société a été telle que tout le monde aujourd'hui s'approprie le gaullisme pour magnifier la grandeur de la France et sa volonté de puissance dans le monde. Toute la classe politique française — socialistes et communistes compris, et Mitterrand au premier plan — a fini par renoncer non seulement à toute véritable critique de la «dictature gaullienne» et du système politique et institutionnel initié en 1958 mais, de plus, elle tend, avec l'ensemble de l'intelligentsia française, à se ressourcer, sous une forme ou une autre, auprès du général de Gaulle.

Osons à nouveau un parallèle. De façon infiniment plus crédible au plan historique et plus percutante dans tous les cas que le gaullisme, la révolution novembriste algérienne est un sursaut prodigieux pour la sauvegarde et la renaissance de tout un peuple et de son État national. Et pourtant les politiques français revanchards et leurs intellectuels organiques mais aussi, il faut le dire, une partie des intellectuels et des journalistes algériens avides de satisfecit, français et occidentaux, l'assimilent au cons vatisme, voire à la réaction, en lançant des slogans commodes du type : «Le FIS est le fils du FLN.» Cette idée facile laisse entendre quant au fond que la révolution du 1er novembre 1954 serait dans son essence la plus profonde, la plus intime — qui aurait été dissimulée jusque-là —, non pas une révolution de libération, non pas un acquis irréductible de la démocratie universelle, mais une détestable perversion et une régression historique.

Du point de vue de la construction et du fonctionnement des institutions, l'expérience en cours en Algérie offre également des ressemblances frappantes avec les préoccupations de De Gaulle et les innovations introduites par la Vᵉ République. L'Algérie poursuit aujourd'hui son chemin difficile vers le rétablissement des valeurs les plus essentielles de la République et la consolidation de l'État.

La présidence de la République a été rétablie dans ses droits par le suffrage universel à l'issue d'une compétition démocratique pluraliste qui n'a pas eu son pareil dans le monde arabe. La Constitution consacre désormais ce côté pérenne de l'État algérien, protège ses fondements démocratiques et c'est sur cette base d'airain que s'est poursuivi le processus démocratique global avec l'élection de l'Assemblée nationale, le vote pour les communales et le Sénat.

En 1962, à la tête d'une nation qui avait jeté les bases de l'État républicain depuis près de deux siècles, le général de Gaulle faisait encore de l'édification de l'État une véritable obsession : « J'ai reçu mandat de bâtir un État qui en soit un (…). La mission que m'a donnée le peuple, c'est de sculpter la statue de l'État [28]. » Annoncés par novembre 1954, longuement mûris dans l'Algérie colonisée, les premiers éléments de l'État moderne algérien apparaissent à l'indépendance, lors de la séparation d'avec l'État colonial, au prix que l'on sait. Depuis, un effort indéniable a été engagé pour son érection qui a connu son lot d'avancées, de reculs et d'échecs. Processus lent, douloureux, complexe, sa construction est encore inachevée. Malgré ses revers et ses travers, il est pourtant aujourd'hui bien là, posant comme tâche vitale son achèvement républicain dans un double mouvement de défense/édification.

À un souffle de cette fin de siècle, c'est un double défi que l'Algérie doit relever : rénover la société et « sculpter la statue de l'État ». L'irréversibilité du modèle républicain assuré, son contenu moderniste évidemment assumé, les Algériens disposeront, enfin, de l'instrument moderne qui, sortant l'Algérie de l'errance, concrétisera leur aspiration à la démocratie ; la République est, en effet, la condition nécessaire pour venir à bout de la double carence dont souffre la société algérienne : un État qui n'est pas assez démocratique et une démocratie qui souffre cruellement d'un manque... d'État.

Par ailleurs, l'on sait que depuis 1958, bien que portés au pouvoir par une majorité partisane, les chefs d'État français abandonnent aussitôt la direction de leur parti (symboliquement s'entend) pour agir « au nom de tous les Français » et se déclarer « au-dessus des partis » tout en s'appuyant fermement sur leur famille politique. Et le moindre des paradoxes n'est pas que Aït-Ahmed trouve la nouvelle Constitution et la sortie de la crise odieuses et inacceptables, mais que le Président de la République algérienne, pourtant lui aussi porté au pouvoir par une majorité présidentielle, s'estime être, et à juste titre d'un point de vue français ou algérien, « au-dessus des partis » et le « Président de tous les Algériens ».

Si les contextes, les priorités et les délais sont différents, pour l'essentiel c'est le même couscous, mais la sauce, les légumes et la viande sont algériens.

Ultime manipulation

Des élections législatives algériennes du 5 juin 1997, comme des élections municipales du 23 octobre, l'opinion française n'aura retenu que deux mots : « manipulations » et « fraudes massives ». Dans leur grande majorité, presse écrite, parlée ou télévisée et spécialistes de l'Algérie n'ont ressassé que cette seule idée. Ils ont, une fois de plus, pontifié sur la base de contrevérités flagrantes pour démontrer que leurs prophéties se sont réalisées : des élections truquées, un scrutin qui n'est pas crédible et qui ne pouvait l'être en aucun cas. Il est vrai, à leur décharge, que Aït-Ahmed — avant eux ou en même temps qu'eux ou tout simplement mettant en œuvre une vision partagée, les mêmes orientations politiques — assenait dans le *Monde* à la veille du scrutin : « Des élections disqualifiées en Algérie [1] ».

Le thème de la crédibilité des élections a été le cheval de bataille de nombreux partis, de forces politiques et médiatiques algériennes et étrangères. Il est vrai que cette crédibilité constituait l'enjeu essentiel de ces élections, en l'absence de débats sur des projets de société, sur les lendemains de l'islamisme et aussi, il faut le dire, en l'absence de risques majeurs pouvant interrompre la

poursuite du processus engagé par la révision constitutionnelle du 16 novembre 1996.

Du point de vue du pouvoir, il fallait coûte que coûte
réussir cette consultation électorale quitte à hypothé-
quer les chances du parti qu'il venait de créer, le
Rassemblement national démocratique (RND), de
remporter la majorité absolue. En effet, après avoir bril-
lamment réussi l'élection présidentielle, le pouvoir a
commis le faux pas du référendum de la révision
constitutionnelle où, manifestement, les chiffres ont été
gonflés, pas nécessairement sur injonction de Liamine
Zeroual, dont on dit qu'il a réalisé trop tard le zèle
dévastateur de certaines autorités préfectorales. On se
rappelle, en effet, combien le taux de participation du
peuple algérien au scrutin présidentiel avait été salva-
teur et la spectaculaire mobilisation de l'électorat —
aussi bien en Algérie qu'à l'étranger, en France en particulier — avait laissé sans voix les Cassandre.

Poursuivant sa démarche consensuelle, le pouvoir
aura tout fait pour crédibiliser le scrutin et consolider
son assise. Il institue de nouveau une commission
indépendante de contrôle des élections (CNISEL) [2] et
invite l'ONU, l'Organisation de l'unité africaine
(OUA) et la Ligue des États arabes à envoyer des observateurs internationaux pour superviser le déroulement
du processus électoral. Il accède à toutes les revendications des partis politiques et des organisations internationales. Même le FFS de Aït-Ahmed, désespérant
de sauver son image d'opposant résolu à la « dictature »,
s'est saisi de ces concessions pour justifier son rallie-
ment à la CNISEL après avoir désorienté ses militants
en décidant de participer aux élections législatives.

Plusieurs dizaines de journalistes étrangers et de cor-
respondants de journaux et de chaînes de télévision ont

visité l'Algérie au cours des semaines qui ont précédé le scrutin législatif; ils sont allés où ils ont voulu et de nombreux reportages sur le nord du pays comme sur le sud pétrolier ont été diffusés. Deux cent trente observateurs internationaux ont surveillé les élections, dont cent vingt coordonnés par l'ONU et délégués par trente pays, auxquels la France, sollicitée, n'a pas cru utile de se joindre.

Benjamin Stora étale à nouveau, dans *L'Événement du Jeudi*, ses certitudes inaltérables : « Le sentiment qui domine dans l'Algérie d'aujourd'hui, dit-il, est d'abord la lassitude. Ensuite l'intérêt très mesuré pour la campagne électorale où tout semble joué d'avance (...). La peur s'est installée durablement dans une société rongée par la violence. L'idée de démocratie n'a aucune place. » Quand des historiens viennent à la politique, leurs états d'âme sont comme les goûts et les couleurs. Ils ne se discutent pas. Les faits et les chiffres s'en chargent.

Trente-neuf partis se sont engagés dans les élections en patronnant huit cent treize listes. Le nombre des candidats s'est élevé à sept mille neuf cent trente et un, dont trois cent vingt-deux femmes, dans cinquante-quatre circonscriptions. La campagne a duré dix-neuf jours et a occupé quatre-vingt-dix-neuf heures d'antenne, dont quarante-deux pour la chaîne de télévision et cinquante-sept sur les trois chaînes de radio nationale. Un tirage au sort a été effectué par la CNISEL, en public et en direct à la télévision, pour répartir les tranches horaires et les temps de passage des listes engagées. Les autorités ont par ailleurs réservé, préparé et sécurisé pas moins de mille trois cents sites pour le déroulement des meetings électoraux (stades, salles omnisports, salles de cinéma, maisons de culture...). Ces conditions ont permis le déroulement, sans le moindre incident ni un seul attentat, de milliers de rencontres, de réunions, de contacts, de rassemblements. Cinq cent cinquante représentants de partis, de candidats indépendants, de personnalités et d'organisations des Droits de l'homme ont fait partie des commissions de la CNISEL au niveau préfectoral. Les commissions locales indépendantes de surveillance des élections législatives instituées dans les communes ont refusé quinze mille quatre cent dix candidats qui ne remplissaient pas les critères d'éligibilité. Toutes ces données ont été rendues publiques. Elles ont même été diffusées sur le réseau Internet dans le «journal des législatives» produit pour la circonstance, et on peut estimer qu'elles ne reflètent pas l'effort réel accompli par les autorités pour le succès d'un scrutin pluraliste.

Si Benjamin Stora peut se permettre de décréter que ce scrutin ne laisse à «la démocratie aucune place», de la lecture de ces chiffres on ne peut raisonnablement déduire, comme il le fait, que ce scrutin s'est déroulé dans un pays où «domine la lassitude» et où «l'intérêt pour la campagne est très mesuré[3]». On doit à la vérité de dire qu'il y a d'autres sons de cloche, hélas peu nombreux et peu écoutés. On citera Jean-François Kahn qui écrit dans *Marianne* : «C'est formidable : vendredi matin toutes les radios nous expliquaient que les élections algériennes qui s'étaient déroulées la veille étaient totalement truquées. Donc comme en Indonésie, comme en Tunisie, comme en Égypte, comme à Singapour, comme en Malaisie — pays que les mêmes donnent souvent en exemple — le parti du pouvoir allait obtenir 95 % des sièges. Eh bien pas du tout : l'Algérie est au contraire le seul pays arabe où, à l'issue d'une élection, truquée ou pas, le parti au pouvoir n'obtient pas la majorité au Parlement (...). Mais c'est l'Algérie. Donc si l'on veut rester médiatiquement correct, il faut en conclure que la dictature militaire vient d'organiser des élections honteusement et totalement truquées[4]. » « Politiquement correct » en revanche, *Le Monde* — qui titrait le lendemain de l'ouverture de la campagne électorale : « Les Algériens manquent d'élan[5] » — s'indigne des résultats : « Comment croire qu'un parti créé il y a trois mois (...) ait réussi à rafler près du tiers des suffrages exprimés (...). Comment faire admettre que le candidat des islamistes modérés, après avoir recueilli trois millions de voix à l'élection présidentielle, n'en retrouve que la moitié un an et demi plus tard ? (...) Comment justifier la déroute du RCD crédité de 440 000 voix alors que son chef avait obtenu officiellement plus d'un million de voix en novembre 1995 (...). L'Algérie ne prend pas la route de la démocratie (...) la fraude a entaché les législatives du 5 juin[6] ».

Pour rendre cette sentence, *Le Monde* n'a décidément écouté que lui-même et fait dans la précipitation. Il tient pour nulles et non avenues les déclarations des observateurs internationaux de l'ONU, tel M. Singa, chef de la mission indienne, qui déclare : « Les élections législatives se sont déroulées dans de très bonnes conditions » et précise que personne « ni des partis politiques, ni du gouvernement n'a empêché la bonne marche de cette opération électorale[7] ». Le 9 juin, le porte-parole de l'ONU, Fred Ekard, dément les informations selon lesquelles les Nations unies auraient critiqué « l'absence de transparence des élections législatives du 5 juin[8] ». Le même jour, un membre de la mission des observateurs canadiens affirme que le scrutin avait fait l'objet d'une « bonne organisation matérielle et logistique » et confie que dans le département d'Alger, où « les mesures de sécurité étaient idéales », c'est dans « la liberté [que] les gens sont allés voter[9] ». Au cours d'une conférence organisée par le Middle Institute, l'Américaine Marie-Jeanne Deeb, qui assurait sa mission d'observation à Khenchela, à quelque 600 km d'Alger, déclare : « Les élections se sont bien déroulées aussi bien au niveau de la préparation du vote, du scrutin que des opérations de dépouillement. » Son équipe a été « extrêmement libre de ses mouvements » et elle a pu « rencontrer toute personne au niveau de la région[10] ».

L'avis des observateurs internationaux a pesé dans les appréciations que devait porter la communauté internationale sur la crédibilité des élections. De nombreux gouvernements étrangers ont tenu compte de leurs observations, tels les États-Unis[11] qui se sont félicités du déroulement du scrutin. Le ministère italien des Affaires étrangères a exprimé l'espoir que les résultats créeraient les conditions d'un règlement définitif de la crise. Pour Rome, cette élection qui s'est déroulée sans manifestations de violence ni actes de terrorisme est l'indice d'une « maturité démocratique et d'une volonté de paix du peuple algérien[12] ». À Londres, le porte-parole du Foreign Office remarque que le taux de participation enregistré dans les élections législatives est « révélateur du choix des Algériens d'aller vers la voie démocratique[13] ». Seul le gouvernement français — qui prend acte du bon déroulement des élections — entretient quelques doutes en compagnie des officiels iraniens qui, eux, contestent le scrutin en se demandant : « Un scrutin sans une participation du FIS peut-il encore être considéré comme une élection[14] ? »

En résumé, lorsqu'en France les résultats d'un scrutin législatif donnent une victoire écrasante à un parti, c'est une surprise. En Algérie, c'est du truquage. Quand les résultats d'un vote en Algérie ne conviennent pas à certains milieux français bien-pensants, ils hurlent à la fraude. Les élections algériennes méritaient mieux que l'invective de tous ceux qui se sont autorisé ce seul mode d'expression pour prétendre servir la démocratie en Algérie.

Les élections municipales et départementales d'octobre 1997 n'ont pas échappé à la règle. « Hold-up » et « fraudes massives » ont fait la une de la presse. À Alger la plupart des partis ont évidemment contesté les résultats et le succès du RND (près de 50 % des sièges). Le RCD a pris la tête du mouvement de protestation pour réclamer l'annulation du scrutin et la démission du gouvernement en menaçant de « refaire un Belgrade ». Ce parti n'a pourtant introduit que 12 recours* contestant donc les résultats de 12 bureaux de vote sur... 71 394 bureaux ! Il a été par ailleurs dans l'incapacité d'*aligner des candidats* dans la totalité des communes (présent dans 22 sur les 54) du Gouvernorat du Grand-Alger là où il est pourtant le mieux implanté après la Kabylie. Absent dans 1 335 communes sur un total de 1 541, il revendique pourtant l'annulation du scrutin !

Corneille écrivait : « J'ai de l'ambition, mais je sais la régler ; elle peut m'éblouir, et non pas m'aveugler. » En Algérie, malheureusement, des leaders de partis, anciens et nouveaux, réputés démocrates, s'éblouissent jusqu'à l'aveuglement sans se rendre compte qu'ils n'ont même pas les moyens d'assouvir leur ambition dévorante de pouvoir.

---

* Au total le nombre de recours s'est élevé à 1 160, soit une moyenne nationale de 1,6 % (FLN : 582 recours, MSP : 219, RND : 175, FFS : 26). La justice s'est prononcé sur les recours introduits. Ils ont été favorables au FLN et au MSP qui ont récupéré 274 sièges (sur 13 123 en jeu) au détriment du RND.

Souffler sur la braise

Si la crise algérienne dure, l'issue n'est plus incertaine. Pour l'heure, la priorité est toujours au retour à la paix civile, à la construction-reconstruction des institutions républicaines indispensables à la stabilité politique ; une fraction importante de la société tend certainement vers la démocratie. Mais de même que la transition vers le marché n'est pas le marché, le mouvement amorcé ne peut être lui aussi confondu avec la démocratie. Dans ce contexte, il s'agit non pas de parachever la démocratie mais de renforcer le début de ce processus, de faire en sorte que ce qui a été amorcé devienne irréversible. Ce qui ne fut pas le cas avec Chadli.

L'idéal démocratique, c'est l'unité des libertés et des institutions politiques, c'est le primat de l'individu sur l'État avec un système approprié des « règles d'usage » de la démocratie : lois, normes, morale, civisme, et il se trouve qu'on ne peut pas toujours prendre le plus court chemin pour parvenir à cet idéal. Implacable, la réalité impose des obstacles, souvent des détours et toujours sa loi. Le processus démocratique, qui ne se déroulera sans doute pas de façon linéaire, doit être assuré et maintenu dans ses grandes lignes. Les tendances dirigistes ne sont pas à exclure et dans certaines situations, elles seront peut-être inévitables sinon indispensables tout en devant être soumises au contrôle général de la société.

Quand experts, médias et politiques français ont une position déjà arrêtée sur la société algérienne et se refusent par idéologie, par intérêt ou par incompréhension à considérer ce pays en tant qu'État souverain, ils se ferment irrémédiablement à l'appréhension de ses réalités d'une part et portent un tort considérable à l'avenir des relations entre l'Algérie et la France qui devraient être nécessairement fécondes et pour cela fondées sur les modalités politiques qu'induit la reconnaissance formelle de la souveraineté de l'autre. Pendant cette crise, combien d'intellectuels, d'experts ès Algérie et autres journalistes ont attiré l'attention de leurs dirigeants et de leur opinion publique sur le fait que la France courait le risque de compliquer et d'envenimer la crise algérienne? Ils sont peu nombreux mais ils sont l'honneur de la France dont ils défendaient avec conséquence et lucidité les intérêts supérieurs et il n'était pas requis d'eux qu'ils aient un engouement débordant pour l'Algérie. Il suffisait qu'ils aiment leur pays.

La crise est assurément algérienne. Personne ne le discutera. Cet épisode de l'histoire du pays a confirmé qu'il n'existe pas de voie royale pour asseoir et parachever les idéaux démocratiques et l'ordre républicain et que rebroussements et discontinuités jalonneront sans doute encore la trajectoire que prendra l'Algérie pour accéder au rang des sociétés modernes. L'épreuve cruelle que connaît l'Algérie illustre cette réflexion de Louis-Napoléon Bonaparte : « Les nations comme les individus ne s'éclairent que par leur propre expérience, et le plus souvent même par du malheur. » Cela étant, peut-on dire en toute honnêteté et sans vouloir chercher de bouc émissaire que la France n'a pas de responsabilité dans la complication de cette crise ?

Il y eut, en effet, des moments terribles pour l'Algérie. À coups de «il faut», un Président français n'a-t-il pas voulu imposer à une Algérie miraculée de rendre l'âme en tant qu'État-nation ? N'a-t-il pas fait pression pour faire don du pouvoir d'État à un mouvement théocratique sanguinaire ? N'a-t-il pas évoqué le «devoir d'ingérence» et proposé la tenue d'une conférence internationale sur l'Algérie pour recycler le FIS ? N'a-t-il pas accueilli sur le territoire français des réseaux terroristes islamistes dont l'appui logistique aux hordes intégristes allait ensanglanter l'Algérie et plus tard éclabousser la France ?

En 1997, un Premier ministre français ne déclarait-il pas que l'Algérie était pour lui un véritable «casse-tête» ? L'actuel chef du gouvernement pense-t-il convaincre lorsqu'il déclare au *Monde*, en septembre 1997, que «la France n'est plus responsable de ce qui meurtrit l'Algérie aujourd'hui», alors que, quelques mois auparavant, il confirmait dans *Libération* que l'Algérie devait tenter l'expérience du FIS au pouvoir ? Dans l'interview au *Monde*, il poursuit : «Nous devons répéter, je le fais ici, qu'un processus de démocratisation est indispensable à l'Algérie[1]». Qu'entend-il par «processus de démocratisation indispensable» ? Au secours de qui vient-il ? Au nom de quel principe veut-il l'imposer ? De quelle logique relèvent ces propos, alors que l'Algérie possède un Président et un Parlement élus au suffrage universel au terme d'un scrutin pluraliste ? Ce faisant, que fait-il sinon envenimer la situation en Algérie et ajourner l'amélioration des relations entre les deux États ? N'est-ce pas de l'ingérence ?

Les Français ont l'habitude de dire que les Algériens

sont très sourcilleux sur leur souveraineté. Il est trop commode de tout expliquer par le caractère ombrageux des Algériens et faire ainsi l'impasse d'une réflexion sur les rapports stratégiques qui devraient lier les deux pays, c'est-à-dire des rapports normaux régissant deux États souverains. Du reste, les Français sont-ils moins sensibles sur la question de leur souveraineté ? Qui peut le croire ? Pour ne prendre qu'un exemple récent, que s'est-il passé lorsque le Parlement européen a voté, en février 1997, une résolution invitant le gouvernement français à retirer le projet de loi sur l'immigration de Jean-Louis Debré ? Le chef de l'État en personne a réagi en manifestant « vertement » son irritation au nouveau président de l'Assemblée de Strasbourg en visite de présentation à l'Élysée. Il a dénoncé « une ingérence manifeste dans les affaires intérieures de la France[2] ».

Au moment où l'Algérie fait face à la plus grave crise qu'elle ait connue depuis l'indépendance, une bonne partie de l'élite politique et intellectuelle française souffle sur la braise et parfois même manie le tisonnier. Elle se trompe d'époque en renouant avec des pratiques néocolonialistes ornementées d'oripeaux démocratiques. L'Algérie s'engage dans une nouvelle phase où le retour progressif à la stabilité va rendre plus aiguës les exigences de relance économique et les réformes structurelles profondes dont le pays a besoin. Ces politiques vont sans doute mettre à rude épreuve le consensus social. Au plan interne on peut citer : la levée de l'état de siège, le rôle de l'armée, la dimension du terrorisme et le poids de l'islamisme, le libéralisme et le coût social de la transition économique, l'assise consolidée de l'État-nation moderne. Au plan externe : la place et le rôle de l'Algérie en Afrique, dans la région méditerranéenne, le niveau de maturation de ses relations avec l'Europe communautaire et, dans ce cadre et en dehors, l'état de ses relations avec la France.

Y aura-t-il alors une perception plus juste des réalités algériennes ou bien l'intelligentsia française va-t-elle persévérer dans la tradition? Rompra-t-elle avec cet héritage exécrable de la IIIᵉ République qui glorifiait les vertus civilisatrices de la colonisation et qui consiste aujourd'hui à encenser les vertus démocratiques de la théocratie et à exiger des Algériens qu'ils fassent l'expérience d'un pouvoir islamiste fût-il « modéré » ? Est-ce à ce prix que l'on daignera enfin délivrer le label de démocrates aux Algériens comme on donne à Cheb Khaled sur France 2 une « Victoire de la chanson francophone » quand le texte primé ce soir-là était chanté en langue arabe et avait pour titre... *Eddi, eddi* (Prends, prends) ? Suffit-il de caractériser le pouvoir de dictature militaire s'il n'y a pas une analyse sérieuse du processus historique de l'érection de l'État moderne algérien et de la constitution de la société civile ? Suffit-il de dénoncer le pouvoir en place comme corrompu, conservateur, tenté, sinon déjà compromis, par une alliance avec les islamistes et d'exiger de lui d'accomplir des ruptures modernes sans autre alternative que celle de le livrer en offrande à l'intégrisme religieux ?

Les pratiques détestables du pouvoir — son mode de fonctionnement contestable, sa gestion du renouvellement du personnel politique, son incompétence dans la communication — sont-elles exclusivement une volonté de pérenniser le « système » et un retour au régime du parti unique ? Peut-on faire comme si sa nature fondamentale n'avait pas été modifiée depuis 1992 dans son rapport à la construction et à la défense d'un État républicain moderne ? La coalition gouvernementale — entrée en plus grande force des islamistes

du MPS, présence du parti FLN — est-elle la preuve
d'un recul irrémédiable du pouvoir et du retour de
l'Algérie à la case départ, celle d'avant 1992 ? La libération des dirigeants du FIS dissous participe-t-elle de la
même logique comme beaucoup le pensent ?

Il faut être naïf pour penser qu'aucune force — au
pouvoir, dans le RND, dans l'armée, dans le gouvernement — ne caresse cet espoir. Mais en même temps,
peut-on ignorer le besoin urgent, vital, de rassemblement de toutes les forces qui, peu ou prou, expriment
leur adhésion au retour de la stabilité, à l'éradication du
terrorisme, à la relance économique, à l'application de
profondes réformes, c'est-à-dire à des tâches colossales
qui supposent un minimum d'équilibre et de consensus social ?

Dans ce monde d'interdépendances croissantes, où
«les gouvernements sont devenus trop petits pour les
grands problèmes», les Américains viennent d'adminis-
trer à l'Europe, une fois de plus, une leçon de pragma-
tisme. Au fur et à mesure que la situation en Algérie
cessait d'évoluer dans le sens de ses plans initiaux,
l'oncle Sam, principal parrain de l'alliance de
Sant'Egidio (FIS, FFS, FLN), a largué tour à tour et
sans le moindre état d'âme tous les membres de la coalition qui devenaient encombrants ou compromettants.

En cette fin de siècle où des bouleversements, jusque-
là impensables, se sont succédé à une vitesse déroutante,
il faut souhaiter à la France que ses élites politiques et
intellectuelles éclairent l'opinion publique de leur pays
avec le même réalisme.

Annexe

Chronologie
des principaux événements politiques

1991

25 mai Le FIS déclenche un mouvement insurrectionnel après son appel à la « grève politique illimitée » lancé le 23 mai. Exigence : élection présidentielle anticipée et abrogation de la loi électorale relative aux élections législatives fixées pour juin.

5 juin L'entreprise du FIS est stoppée avec la proclamation de l'état de siège. Le gouvernement Hamrouche démissionne. S.A. Ghozali lui succède. Les élections législatives, fixées par Chadli pour fin juin, sont reportées.

21 juin Ali Benhadj lance un appel pour le stockage d'armes et d'explosifs.

28 juin Abassi Madani menace de lancer la « guerre sainte contre l'armée ».

29 juin Arrestation des principaux dirigeants du FIS dont Abassi Madani et Ali Benhadj, emprisonnés pour « conspiration contre la sûreté de l'État ».

17 août Libération de 300 détenus du FIS arrêtés à la suite de l'état de siège et fermeture des centres de sûreté (30 août).

29 septembre Levée de l'état de siège.

16 octobre Constitution du deuxième gouvernement Ghozali.

29 novembre Assassinat par un commando islamiste des militaires du poste frontalier de Guemmar.

24 décembre Chadli se déclare prêt à cohabiter avec un gouvernement FIS.

26 décembre Premier tour des élections législatives.

31 décembre Création du Comité national pour la sauvegarde de l'Algérie.

1992

2 janvier Manifestation à Alger pour sauver la démocratie et arrêter le processus électoraliste.

11 janvier Chadli, Président de la République, démissionne.

12 janvier Annulation du deuxième tour des élections législatives prévu pour le 16 janvier.

16 janvier Mohamed Boudiaf devient président du Haut Comité d'État (HCE) institué le 14 janvier.

Janvier-février Multiplication des appels à la rébellion, des actes terroristes, des assassinat de policiers, troubles dans plusieurs villes (à Batna, 12 morts, 66 blessés).

9 février Proclamation de l'état d'urgence pour un an.

22 février Constitution du troisième gouvernement Ghozali.

4 mars Jusqu'alors impensable pour l'écrasante majorité de l'opinion, la dissolution du FIS est prononcée par la chambre administrative de la Cour d'Alger.

22 avril Installation du Comité consultatif national (CCN) qui fait fonction d'Assemblée.

29 juin Assassinat à Annaba du chef de l'État Mohamed Boudiaf.

2 juillet Membre du HCE, Kafi succède à Boudiaf.

8 juillet Démission du chef du gouvernement Ghozali, remplacé par Belaïd Abdesslam.

15 juillet A. Madani et A. Belhadj sont condamnés à 12 ans de prison.

1ᵉʳ octobre Création de trois cours spéciales chargées des affaires de terrorisme.

1ᵉʳ décembre Début de l'opération de dissolution des mairies et des conseils municipaux contrôlés par le FIS.

1993

13 mars Déclenchement de la vague d'assassinats des intellectuels, des hommes politiques et cadres de l'État.

22 mars Première riposte de masse au terrorisme. Alger et les principales villes connaissent les manifestations les plus importantes depuis l'indépendance.

Juin Changements à la tête de l'armée. K. Nezzar quitte le poste de ministre de la Défense nationale et Guenaizia celui de chef d'état-major.

21 août Membre du HCE et ministre des Affaires étrangères, Réda Malek est nommé chef du gouvernement à la place de Belaïd Abdesslam limogé.

21 septembre Début du cycle d'assassinats des ressortissants étrangers revendiqués par le GIA (deux géomètres français retrouvés égorgés à Tlelat). Conférence nationale sur la transition.

1994

19 janvier Annonce de la libération d'une partie des islamistes détenus dans les centres de sûreté.

30 janvier Fin du mandat du HCE, Liamine Zeroual est porté à la présidence avec un mandat de trois ans.

24 février Libération anticipée de deux hauts dirigeants du FIS dissous, Ali Djeddi et Abdelkader Boukhamkham, qui purgeaient une peine de prison de quatre ans pour atteinte à la sûreté de l'État.

11 avril Démission du gouvernement Malek, remplacé par Mokdad Sifi.

13 septembre Nouvelle libération de dirigeants du FIS dissous (Guemazi, Chigara). Libérés de la prison de Blida, A. Madani et A. Benhadj sont placés en résidence surveillée.

1995

13 janvier Les partis (FIS, FFS, FLN, MDA) réunis à Rome, à l'initiative de la communauté catholique de Sant'Egidio, adoptent une plate-forme visant trois objectifs : court-circuiter l'élection présidentielle annoncée par Zeroual, recycler le FIS, internationaliser la crise algérienne.

10 juillet La présidence de l'État annonce l'échec du dialogue et rend publiques les lettres de Abassi Madani et de la direction du FIS qui refusent de condamner le terrorisme et d'appeler à l'arrêt de la violence.

16 novembre Zeroual remporte l'élection présidentielle en devançant, dans l'ordre, Nahnah (Hamas), Sadi (RCD), Boukrouh (PRA).

1996

15 septembre Conférence et adoption de la plate-forme de l'Entente nationale.

16 novembre Référendum sur la Constitution.

1997

5 juin Élections législatives.

23 octobre Élections municipales.

Notes

La myopie politique

1. Thème du colloque international « Violences du temps présent : nouvelles formes contemporaines de violences et culture de la paix » organisé du 20 au 22 septembre 1997 à Alger par l'Observatoire national des Droits de l'homme (ONDH) avec l'appui de l'Unesco et de l'OMS.

2. Houari Boumediene, discours du 28 février 1971 devant la Ve conférence nationale des assemblées populaires communales. *El Moudjahid*, 30 mars 1971.

3. Selon l'expression du porte-parole du gouvernement.

4. Interview, *Jeune Afrique*, n° 1861, 4-10 septembre 1996.

5. *Le Figaro* ; cf. Jean-Marie Cotteret qui souligne, à propos de la vie politique française : « On a l'impression que le noyau dur du vocabulaire propre à chacun est en passe de disparaître. »

6. Jacques Amalric, *Libération*, 22 septembre 1997.

7. Serge July, *Libération*, 2 juin 1997.

8. Jean-Claude Michéa, *Orwell, anarchiste tory*, éd. Climats, 1995, p. 116.

Le diagnostic de la pensée unique

1. *Le Monde*, éditorial du 17-18 mai 1992.
2. *Le Monde*, 26 juin 1992.
3. *Le Monde diplomatique*, février 1994.
4. *Le Quotidien de Paris*, 23 février 1994.
5. Alain Juppé, Forum RMC-*Le Monde*. Cf. Revue *Politique étrangère de la France*, janvier-février 1994.
6. *Comprendre l'Algérie*, Notes de la fondation Saint-Simon, juillet 1995, p. 5.
7. *Ibid.*, pp. 16-17.
8. *Le Monde*, 20-21 août 1995.
9. *Comprendre l'Algérie, op. cit.*, p. 29.
10. TF1, 12 décembre 1996 ; cf. *Le Monde*, 13 décembre 1996.
11. *Esprit*, spécial « Avec l'Algérie », n° 208, janvier 1995, p. 5.
12. *Libération*, 26 décembre 1994.
13. *Le Monde*, 27 décembre 1994.
14. *Le Figaro*, 26 décembre 1994.
15. Directeur de *Défense nationale*, collaborateur de *Jeune Afrique*, interview dans *El Watan*, 13 avril 1994.
16. Jean-François Kahn, « Litanie politiquement incorrecte », *L'Événement du jeudi*, 16-22 novembre 1995.
17. Franz-Olivier Giesbert, *Le Figaro*, 15 novembre 1995.
18. Jean-François Kahn, *art. cit.*

Les dogmes hexagonaux

1. *Le Monde*, 20-21 août 1995.
2. Sami Naïr, interview à *El Watan*, 4 juillet 1994.
3. *InfoMatin*, 25 octobre 1995.
4. *Libération*, 24 septembre 1997.

5. *Esprit*, spécial «Avec l'Algérie», n° 208, janvier 1995, p. 9.

6. Louis Martinez, chercheur au Centre d'études et de recherches internationales, dans *Le Monde*, 26-27 janvier 1997.

7. *Le Monde*, 28 mars 1996.

8. *Libération*, 17 novembre 1995.

9. *Le Monde*, 30 mai 1996.

10. Cf. Raoul Girardet, dans *Défense et société*, CRESPI, Documentation française, 1994.

11. *Le Monde*, 5 septembre 1997.

12. *Le Monde*, 20-21 août 1995.

13. *Le Monde*, 24 avril 1997.

14. *Esprit*, n° 208, janvier 1995, p. 5.

15. *InfoMatin*, 25 octobre 1995.

16. *Libération*, 5 février 1997.

17. *Le Monde*, 20-21 août 1995.

18. *Libération*, 18 octobre 1995.

19. Déclaration du bureau national du Parti communiste français, 13 octobre 1994.

20. *Libération*, 9 octobre 1995.

21. *Le Nouvel Observateur*, «Spécial Algérie», 19-25 janvier 1995.

22. *InfoMatin*, 25 octobre 1995.

23. *El Watan*, 24 octobre 1995

24. José Garçon, *Libération*, 25-26 janvier 1997.

25. *Ibid.*

26. *Libération*, 24 septembre 1997.

27. *Le Monde*, 11 février 1997.

28. Le tribunal qui n'a pu disposer de témoignages directs sur son implication — son intermédiaire, condamné à cinq de prison, étant en fuite à l'étranger — le condamnera quand même à dix-sept mois de prison ; cf. *El Watan*, 6 février 1997.

29. *Le Soir d'Algérie*, 27 mars 1997.

30. *Télérama*, n° 2390, 1ᵉʳ novembre 1995, p. 16.

31. Louis Martinez, «Algérie : le paradoxe économique

de la guérilla», dans « Risque pays 1997 », Coface, *Le MOCI*, n° 1268, 16-22 janvier 1997.

32. Louis Martinez, *Le Monde*, 26-27 janvier 1997.

33. *Le Nouvel Observateur*, « Spécial Algérie » 19-25 janvier 1995.

34. *Le Monde diplomatique*, décembre 1996.

35. Actes du colloque « Défense et société », Documentation française, octobre 1994, p. 38.

36. Benjamin Stora à l'émission « Le téléphone sonne », France Inter, 2 septembre 1992.

37. *Le Monde*, 31 août-1er septembre 1997.

38. *Libération*, 24 septembre 1997.

39. *Libération*, 13 mars 1995.

40. Février 1996, Sénat.

41. Groupe socialiste au Sénat, débat sur la réforme de l'armée, février 1996.

42. Février 1996, Sénat.

43. Chef du Service d'information et de relations publiques des armées (Sirpa), Actes du colloque « Défense et société », *op. cit.*, p. 34.

44. Aït-Ahmed, interview, *Le Monde*, 5-6 juillet 1992.

45. Interview, *Le Monde*, 11 janvier 1997.

46. *Revue internationale des sciences sociales* (RISS), n° 103, août 1985, p. 118.

47. Saïd Sadi, leader du RCD ; cf. revue *Regards*, février 1997.

48. *Ibid.*

La fable de la sentinelle des hydrocarbures

1. A. Schwartzbrod, « Du pétrole et du sang », *Libération*, 30 août 1997.

2. Didier François, *Libération*, 1er juin 1997.

3. En mai 1997, il est élu député de Bouira sur la liste RND.

4. *Le Figaro*, 29 avril 1997.

5. *Libération*, 1ᵉʳ mai 1997.

6. Un exemple : la ville de Lyon. Dans le seul domaine de l'hygiène, le département propreté de la ville a perdu au moins 2 millions de francs en deux mois. La communauté urbaine de Lyon (Courly) a dû dépenser en effet 500 000 francs pour démonter 4 200 poubelles et corbeilles à papier. Le coût des sacs en plastique qui ont remplacé les corbeilles s'est élevé à 100 000 francs. Le retrait des 700 bacs à verre qui permettaient la collecte des bouteilles que la Courly recyclait a occasionné une perte de 500 000 francs par mois. Bien entendu, au terme du plan Vigipirate, il faudra remettre les corbeilles en place ; coût : 500 000 francs. La ville a dépensé en outre 560 000 francs pour l'achat de nouvelles barrières de police tandis que les frais supplémentaires de personnel se sont montés, dans les premiers temps de l'opération, à 400 000 francs. Les frais engendrés pour le contrôle des coffres de voitures de Lyon Parc Auto ont été de l'ordre de 250 000 francs par mois. Cf. « Vigipirate coûte cher », *Lyon capitale*, 1ᵉʳ novembre 1995.

7. *Libération*, 1ᵉʳ mai 1997.

Le saut dans la modernité

1. Giovanni Sartori, « Repenser la démocratie : mauvais régimes et mauvaises politiques », *RISS*-Unesco, n° 129, août 1991.

2. S. Huntington, « The Problem of the Study of Political Change. The Change to Change », *Comparative Politics*, III, avril 1971. Cité par M. Dogan et D. Palassy, *La Comparaison internationale en sociologie politique*, Paris, éd. LITEC, 1980.

3. A. Kazancigil, « La démocratie en terre musulmane : la Turquie dans une perspective comparative », *RISS*, n° 128, mai 1991, p. 371.

4. Darius Shayegan, dans *Libération*, 15-16 février 1992.
5. *Le Monde*, 15 septembre 1992.
6. *El Moudjahid*, 14 juillet 1997.
7. *El Watan*, 1ᵉʳ novembre 1993.
8. Norberto Lechner, « À la recherche de la communauté perdue : les défis de la démocratie en Amérique latine », *RISS*, n° 129, août 1991.
9. Edgar Morin, *Terre Patrie*, Paris, Seuil, 1993, p. 88.

L'État islamiste béni par Mitterrand

1. XVᵉ conférence des chefs d'États de France et d'Afrique, La Baule, 21 juin 1990.
2. *Le Quotidien d'Algérie*, 15 janvier 1992.
3. J.-L. Chabot, *Introduction à la politique*, Paris, PUF, 1991, p. 201.
4. Charles Rebois, *Le Figaro*, 8 décembre 1994 (article consacré à Félix Houphouët-Boigny).
5. *La Croix*, 12 décembre 1992.
6. Pierre Beylan, *Le Point*, n° 1142, 6 août 1994.
7. *El Watan*, 6-7 novembre 1992 et 24 octobre 1993.
8. Conférence de presse du 19 décembre 1990.
9. Interview à *Paris-Match*, 23 novembre 1989.
10. *El Watan*, 12 octobre et 24 octobre 1993.
11. *Le Point*, n° 1142, 6 août 1994. La poursuite des recherches donne de nouveaux résultats en 1995 et c'est le Président de la République française, Jacques Chirac, qui rappelle le 12 décembre 1996, sur TF1 : « L'enquête qui a été menée après les attentats de l'année dernière a eu des résultats positifs : trois cents personnes, généralement d'ailleurs des intégristes islamistes étrangers, avaient été appréhendées, et cent cinquante étaient encore en prison. »
12. Conférence de presse, Copenhague, 11 mars 1995.
13. TF1 et Antenne 2, 14 juillet 1990.

L'illusoire troisième voie

1. Les signataires : Front de libération nationale (FLN) ; Front islamique du salut (FIS) ; Front des forces socialistes (FFS) ; Mouvement pour la démocratie en Algérie (MDA) ; Mouvement de la renaissance islamique (Ennahda) ; Parti des travailleurs (PT) ; Jazaïr musulmane contemporaine ; Ligue algérienne de défense des Droits de l'homme ; cf. *El Watan*, 13-14 janvier 1995.

2. *Le Nouvel Observateur*, « Spécial Algérie », 19-25 janvier 1995.

3. *Ibid.*

4. *Ibid.*

5. Bernard Guetta, « Géopolitique », 12 janvier 1995.

6. Robert Solé, *Le Défi terroriste. Leçons italiennes à l'usage de l'Europe*, Paris, Seuil, 1979, p. 129.

7. *Ibid.*, p. 251.

8. *Le Monde*, 12 février 1997.

9. *Le Monde*, 19 juillet 1997.

10. Jean-François Revel, *Le Terrorisme contre la démocratie*, Hachette-Pluriel, 1987, p. 138.

11. Robert Solé, *Le Défi terroriste...*, *op. cit.*, p. 242.

12. M. Torrelli, *Métastratégie*, colloque, Nice, juin 1988, PUF, 1989, p. 157.

13. *Ibid.*

14. *Le Monde*, 30 octobre 1986.

15. Interview accordée à J.-P. Elkabbach, Europe 1, 14 novembre 1991.

16. 3 février 1992.

17. *Le Monde*, 19 octobre 1977.

18. Cité dans Robert Solé, *Le Défi terroriste...*, *op. cit.*

19. Hadj Bakhtaoui, « Vers un front de la paix civile », *Liberté*, juillet 1994.

20. Jean-François Revel, *Le Terrorisme contre la démocratie*, *op. cit.*, p. VI.
21. Maurice Duverger, dans *Le Monde*, 3 octobre 1984.

Le canular du parti «fréquentable»

1. *Le Monde diplomatique*, mai 1996.
2. José Garçon, «Un engrenage de vengeance et de haine», *Libération*, 11 août 1997.
3. Synthèse du bilan économique et social de la décennie 1967-78, ministère de la Planification et de l'Aménagement du Territoire (MPAT), 1980.
4. Le gouvernement promet, par exemple, de construire deux cent mille logements par an au lieu des cent mille qui n'étaient même pas réalisés; il s'engage à faire passer la dotation en eau potable de 85 litres par jour et par personne à 150 litres en 1980 et 250 litres en 1990. Cf. Rapport général du premier plan quinquennal 1980-84, MPAT, 1980, p. 189.
5. Les Eucalyptus, 13 décembre 1989.
6. 260 km à l'ouest d'Alger, 24 octobre 1990.
7. 26 septembre 1990.
8. Interview de Ali Benhadj, *Horizon*, 23 février 1989; Cf. *Alger républicain*, avril 1991.
9. 3 avril 1990.
10. *Algérie Actualité*, 23 février-1ᵉʳ mars 1989.
11. Conférence de presse, octobre 1991.
12. AFP, 10 décembre 1989.
13. 21 février 1990.
14. 1ᵉʳ février 1990.
15. 22 mars 1990.
16. 250 km, est d'Alger.
17. 300 km, est d'Alger.
18. 140 km au nord de Constantine.

19. Département de Tipaza, 80 km à l'ouest d'Alger, département de Chlef, 200 km à l'ouest d'Alger.

20. Mise à part l'action armée de Bouyali, les premiers heurts sérieux entre islamistes et forces de l'ordre remontent au début de la décennie 80, notamment en 1982 où, dans une mosquée de Laghouat (400 km au sud d'Alger), les affrontements prennent une tournure sanglante et se soldent par dix morts et une dizaine de blessés.

21. Des artistes et intellectuels se rendront dans cette ville pour dénoncer les atteintes aux libertés et réclamer la réouverture de la salle de cinéma.

22. El Biar, Raïs Hamidou (Alger), Bou Ismaïl (Tipaza).

23. Grand jury RTL-*Le Monde*, 19 mai 1991.

24. *Alger républicain*, 12 décembre 1991.

25. *Alger républicain*, 16 décembre 1991.

26. 27 km à l'est de Sétif.

27. 70 km au sud d'Alger.

28. Commune du département de Bordj Bou Arreridj, groupe démantelé les 25-26 janvier 1993.

29. 50 km à l'est d'Alger.

30. À 150 km d'Alger, sur la côte ouest.

31. Commune du département de Aïn Defla à 150 km à l'ouest d'Alger ; cf. *Liberté*, 28 janvier 1993.

32. *Liberté*, 29 décembre 1992.

33. Jijel, littoral, à 150 km au nord de Constantine.

34. À 280 km au sud d'Oran, département de Tiaret ; cf. *Liberté*, 20 mars 1997.

35. Département de Bouira, à 120 km à l'est d'Alger.

36. Tipaza.

37. Généralement dans la Mitidja, Bouira, Chlef, Ksar El Boukhari (70 km au sud de Médéa).

38. Département d'El Oued, proche de la frontière tunisienne.

39. *Alger républicain*, 18 décembre 1991.

40. 16 décembre 1991.

41. Blida.

42. Ex-Fort-de-L'Eau, à la sortie est d'Alger.

43. Reporters sans Frontières, *Le Drame algérien, un peuple en otage*, Paris, éd. La Découverte, 1995.

44. Rue Bouzrina, Casbah d'Alger; mosquée d'Appreval de Kouba; Laghouat; Blida; Bordj Ménaïl, à 70 km au sud-est d'Alger.

45. À 80 km au sud d'Oran.

46. Smaïl Goumeziane, *Le Mal algérien. Économie politique d'une transition inachevée 1962-1994*, préface d'Alain Cotta, Paris, Fayard, 1994, pp. 269-270.

47. *Ibid.*

48. En 1995, le siège et le quartier de cette sous-préfecture échappent miraculeusement (détonateur défectueux) à la déflagration de 200 kg d'explosifs; cf. *Liberté*, 20 mars 1997.

49. Khaled Nezzar, « Devoirs et vérités », *El Watan*, 15 mai 1996.

50. Interview, *El Watan*, 11 avril 1991.

51. Interview, *El Watan*, 29-30 mars 1991.

52. *El Watan*, 31 mars 1991.

53. Mouvement pour la démocratie en Algérie (MDA), Parti du renouveau algérien (PRA), Parti social-démocrate (PSD), Parti des travailleurs (PT), Union des forces démocrates (UFD), Parti national pour la solidarité et le développement (PNSD).

54. Aït-Ahmed, dans *El Watan*, 7-8 juin 1991.

Les rebouteux de l'intégrisme

1. Daté du 1er juin 1993; cf. *Le Matin*, 2 juin 1993.

2. *La Nation*, n° 109, 22-28 août 1995.

3. *Alger républicain*, 26 décembre 1991.

4. *Histoire socialiste de la Révolution française, La Convention*, livre II, tome 4, p. 1153.

5. *El Watan*, 21 mars 1993.

6. *L'Opinion*, 2 septembre 1992.

7. «Le Maghreb confronté à l'islamisme. Arabisation et démagogie en Algérie», *Le Monde diplomatique*, février 1997.

8. Éditorial, «L'Algérie muselée», *Le Monde*, 26 mars 1997.

9. *Libération*, 24 juin 1993.

10. Reporters sans Frontières, *Le Drame algérien*, *op. cit.*

11. Interview à *Libération*, 27 janvier 1997.

12. «Quatre-vingt-dix-huit morts, disait le communiqué algérien», Hélène Amblard, journaliste-écrivain, dans *L'Humanité*, 9 septembre 1997.

13. L'*Humanité*, 8 septembre 1997.

14. Reporters sans Frontières, *Algérie : la guerre civile à huit clos*, mars 1997.

15. *El Watan*, 29-30 août 1997.

16. *Libération*, 30 août 1997.

17. Institut d'études et de recherches sur le monde arabe et méditerranéen (IREMAM).

18. François Burgat, *L'Islamisme en face*, Paris, éd. La Découverte, 1995, p. 171.

19. *Libération*, 18 octobre 1995.

20. François Burgat, *L'Islamisme en face*, *op. cit.*, p. 162.

21. *Ibid.*, p. 162.

22. *Ibid.*, p. 166.

23. Détournement de l'Airbus d'Air France, par exemple.

24. *Ibid.*, p. 167.

25. *Ibid.*

26. *Libération*, 31 octobre 1995.

27. *Le Figaro*, 29 juillet 1996.

28. *Ibid.*

29. Selon l'expression d'un journaliste du quotidien *Le Soir d'Algérie*.

30. *Le Monde*, 23 août 1997.

31. François Burgat, *L'Islamisme en face*, *op. cit.*, pp. 246-247, 251.

La gestion médiatique du terrorisme

1. Déclaration du 19 mars 1996.

2. « Méthodes et forces en présence, les moyens de la guerre », *La Nation*, n° 64, 23-29 mars 1994.

3. *El Watan*, 24 octobre 1994.

4. « Les recommandations gouvernementales adressées à la presse instaurent une véritable censure », *Le Monde*, 30 juin 1994.

5. *Le Monde*, 26 mars 1997.

6. Villas du Club des Pins, appartements de Sidi Frej, du Golf, hôtels à El Djazaïr, El Aurassi.

7. *El Moudjahid*, 5 octobre 1995.

8. *Ibid.*

9. Entretien du 21 septembre 1996, dans *El Moudjahid*, 22 septembre 1996.

10. *Ibid.*

11. *Le Monde diplomatique*, mars 1996.

12. *El Balagh*, 7 janvier 1992.

13. *Le Jeudi d'Algérie*, 16 juillet 1992.

14. François Burgat, *L'Islamisme en face*, op. cit., pp. 10, 12.

15. Séverine Labat dans Reporters sans Frontières, *Le Drame algérien*, op. cit.

16. *Libération*, 4 janvier 1992.

17. Éditorial « Logique suicidaire », *Le Monde*, 28 décembre 1991.

18. *Le Monde*, 16 novembre 1995.

19. *Libération*, 19 octobre 1995.

20. Michel Wieviorka et Dominique Wolton, *Terrorisme à la une*, Paris, Gallimard, 1987.

21. Gerold von Braunmühl, directeur politique au ministère des Affaires étrangères, assassiné le 10 octobre 1986 à Bonn par le commando Ingrid Schubert issu de la FAR.

22. *Le Monde*, 12-13 octobre 1986.

23. *Le Monde diplomatique*, novembre 1995.

259/

24. *Télérama*, n° 2390, 1ᵉʳ novembre 1995.
25. M. Torrelli, « Terrorisme et coopération politique européenne : le terrorisme est-il une nouvelle guerre ? », dans *Métastratégie, op. cit.*, p. 174.
26. *Le Matin*, 7 mars 1996.
27. Robert Solé, *Le Défi terroriste...*, *op. cit.*, p. 227.
28. Michel Wieviorka et Dominique Wolton, *Terrorisme à la une, op. cit.*
29. Robert Solé, *Le Défi terroriste...*, *op. cit.*
30. *Le Monde*, 23 août 1995.
31. A. Forlani, juin 1978, dans Robert Solé, *Le Défi terroriste...*, *op. cit.*, p. 14.
32. Y. Manor, « La relation terroriste : cadre sociologique pour une approche comparatiste », dans *Métastratégie, op. cit.*, p. 142.
33. K. Oots et T. Wiegele, dans *Métastratégie, op. cit.*
34. Destructions en 1994. Enseignement : 915 classes, 9 centres de formation professionnelle, 3 centres universitaires, 7 instituts de recherches, 999 blocs administratifs. Administration locale : 225 locaux. Liaisons téléphoniques : 2 204 poteaux, 78 relais. Électricité : 178 pylônes et poteaux électriques. Transport : 1 218 camions, 577 véhicules légers, 356 bus et minibus, 7 locomotives, 204 wagons. Travaux publics : 511 engins. Cf. *Le Soir d'Algérie*, 16 février 1995.
35. *El Watan*, 6 juillet 1994.
36. Le rapport est de un pour cinq en Turquie par exemple.
37. *Le Monde*, 19 juillet 1997.
38. Département de Djelfa, 300 km au sud d'Alger.

Aït-Ahmed, l'homme qui bouge

1. *Le Quotidien d'Algérie*, 10-11 janvier 1992. Jean Daniel écrit cet article après l'appel de Aït-Ahmed pour une manifestation des démocrates à la suite du premier tour de

scrutin. L'ampleur de la manifestation avait été attribuée par la presse occidentale au seul leader du FFS alors que le CNSA avait également invité la population à sortir dans les rues. Les manifestants ne reprendront pas les slogans de Aït-Ahmed qui invitait à la poursuite du second tour mais les mots d'ordre du CNSA qui revendiquait son annulation.

2. Reporters sans Frontières, *Le Drame algérien, op. cit.*, p. 153.

3. *Le Monde*, 23 janvier 1997.

4. 1830 à 1845.

5. Alliance Union démocratique du manifeste algérien (UDMA) de Ferhat Abbas et Association religieuse des oulamas de Cheikh Ben Badis.

6. *La Guerre et l'après-guerre*, Paris, éd. de Minuit, 1964, pp. 38-40.

7. *Ibid.*, pp. 52-53.

8. *Ibid.*, p. 168.

9. Déclaration à l'Assemblée, 1er octobre 1962, *ibid.*, p. 117.

10. Déclaration à l'Assemblée, 20 novembre 1962, *ibid.*, p. 127.

11. *Ibid.*, p. 119.

12. *Ibid.*, p. 140.

13. 1er octobre 1962, dans *ibid.*, p. 119.

14. *Ibid.*, p. 128.

15. Ex-Michelet, Grande Kabylie.

16. Une autre grande figure de la révolution algérienne et principal signataire des accords d'Évian.

17. *La Guerre et l'après-guerre, op. cit.*, p. 170.

18. *Ibid.*, p. 189.

19. *Ibid.*, pp. 146-148, 153.

20. 1976-77.

21. Ramdane Radjala, «Histoire des mouvements et partis politiques», thèse de doctorat, pp. 40-42.

22. *El Moudjahid*, 16 décembre 1989.

23. À la même époque que Vercingétorix. Jugurtha mourut en captivité à Rome.

24. 12 mars 1976.

25. *Le Monde*, 10 juin 1976.

26. *Horizon*, 17 décembre 1989.

27. *Libre Algérie*, organe du FFS, août 1992.

28. *Le Monde*, 5-6 juillet 1992.

29. *Jeune Afrique*, n°s 1738-1739, 28 avril-11 mai 1994.

30. *La Nation*, 4 juin 1992.

31. Conférence de presse, 24 juin 1992.

32. «Le parcours de Aït-Ahmed», *Le Pays*, 2-8 mars 1994.

33. Grand Jury RTL-*Le Monde*, 19 mai 1991.

Une nouvelle chouannerie

1. Claude Mazauric, «Vendée et chouannerie», *La Pensée*, décembre 1965, n° 124, p. 57.

2. Débat ouvert de la Commission des Affaires étrangères et de la Défense du Sénat sur la réforme de l'armée initiée par le Président de la République, Jacques Chirac.

3. Le 22 mars 1992, à 207 km au sud-d'est d'Alger.

4. 15 avril 1992.

5. *El Moudjahid*, 2 février 1993.

6. Banlieue d'Alger.

7. La DEC dirige la mairie à la suite d'une dissolution d'assemblée populaire communale.

8. Du Parti de l'avant-garde socialiste et du Rassemblement populaire national créé par Boudiaf.

9. *Le Quotidien d'Algérie*, 1er avril 1992.

10. AFP, 11 février 1993.

11. *El Watan*, 6-7 novembre 1992.

12. *Ibid.*

13. *El Watan*, 14 février 1993.

14. *El Watan*, 15 février 1993.

15. *Le Matin* 15 avril 1993.
16. Blida, Larbâa.
17. À Constantine essentiellement.
18. Sidi Bel Abbès, Tlemcen, Tiaret.
19. *Liberté*, éditorial, 23 juillet 1992.
20. *El Watan*, 22 novembre 1992.
21. Le 29 juin 1992 à Annaba.
22. *El Moudjahid*, 16 février 1993.
23. Département de Médéa.
24. *Le Matin*, 16 janvier 1993.
25. *El Watan*, 11 janvier 1992.
26. *El Watan*, 29 janvier 1993.
27. *L'Humanité*, 5 juin 1997.
28. *El Watan*, 29 juin 1993.

Un hijab d'amnésie sur l'histoire

1. FR3, émission «La marche du siècle»; cf. *Le Monde*, 10 janvier 1992.
2. Grand Jury RTL-*Le Monde*, 5 janvier 1992; cf. *Le Monde*, 7 janvier 1992.
3. Déclaration du 30 décembre 1991; cf. *Le Monde*, 1er janvier 1992.
4. *Le Monde*, 31 décembre 1991.
5. *Ibid.*
6. *Le Monde*, 7 janvier 1992.
7. *Alger républicain*, 15 janvier 1992.
8. *El Watan*, 19 mai 1992; *Le Monde*, 21 mai 1992.
9. *Le Monde*, 14 janvier 1992.
10. *Le Républicain lorrain*, 14 janvier 1992; cf. *Le Monde*, 15 janvier 1992.
11. 13 janvier 1992 sur M6; cf. *Le Monde*, 15 janvier 1992.
12. *Le Monde*, 7 janvier 1992.
13. *Le Monde*, 14 janvier 1992.

263/

14. *Libération*, 27 janvier 1997.
15. Interview, *Le Monde*, 30 mai 1997.
16. *Ibid.*
17. AFP, 31 janvier 1997 ; si Pierre Moscovici soutient le FIS, par contre il trouve que la secrétaire générale de la CFDT, Nicole Notat, s'est mise « dans une situation embarrassante en se retrouvant aux côtés de Zeroual » (France Inter, 30 janvier 1997)... en se rendant aux obsèques de Benhamouda, le secrétaire général de l'UGTA, assassiné deux jours plus tôt.
18. *Algérie Actualité*, 14 novembre 1990.
19. *Le Monde*, 5 avril 1995. Mohamed Abderahmani, assassiné dans sa voiture le 27 mars à Alger.
20. Jean Lacouture, *De Gaulle*, Paris, Seuil, 1985, t. 2, p. 195 (29 juillet 1945).
21. *Ibid.*, p. 445.
22. *Ibid.*, p. 594.
23. Jean-Marie Pontier, *La République*, Paris, Dalloz-Sirey, XLVIII, 1992, p. 240.
24. Laurent Cohen-Tanugi, *La Métamorphose de la démocratie*, Paris, éd. Odile Jacob, 1989.
25. *Le Figaro*, 29-30 janvier 1994.
26. Alain Peyrefitte, *C'était de Gaulle*, Paris, Fayard, 1994, p. 594.
27. Jean Lacouture, *De Gaulle, op. cit.*, p. 22.
28. Alain Peyrefitte, *C'était de Gaulle, op. cit.*, p. 439 (12 décembre 1962).

Ultime manipulation

1. *Le Monde*, 4 juin 1997.
2. CNISEL : Commission nationale indépendante de surveillance des élections législatives constituée de représentants de tous les partis politiques et présidée par une per-

sonnalité indépendante dont la désignation est obtenue avec l'assentiment de tous les membres.

3. *L'Événement du jeudi*, n° 657, 5-11 juin 1997.

4. *Marianne*, n° 7, 7-9 juin 1997.

5. *Le Monde*, 17 mai 1997.

6. *Le Monde*, 9 juin 1997.

7. APS, 10 juin 1997. M. Singa s'est élevé contre le rapport fait de façon unilatérale par quatre observateurs internationaux de l'ONU sur les cent vingt délégués. Les conclusions des quatre ont été ensuite officiellement contestées par l'ONU.

8. Cité par l'agence espagnole EFE, APS, 10 juin 1997.

9. APS, 10 juin 1997.

10. *Ibid.*

11. Les États-Unis ont fortement encouragé les observateurs internationaux à superviser l'opération.

12. AFP, 6 juin 1997.

13. APS, 7 juin 1997.

14. Propos de l'ayatollah Yaqdi, APS, 7 juin 1997.

Souffler sur la braise

1. *Le Monde*, 16 septembre 1997.

2. Position exprimée le 25 février 1997, résolution votée le 20 février 1997 ; cf. *Le Monde*, 27 février 1997.

Remerciements

Mes remerciements et ma profonde reconnaissance vont à la direction et aux amis du LEREP pour leur soutien et leur sollicitude.

Table

Dans la collection « Lettre ouverte »

La composition de cet ouvrage
a été réalisée par l'**Imprimerie BUSSIÈRE**
l'impression et le brochage ont été effectués
sur presse Cameron
dans les ateliers de **Bussière Camedan Imprimeries**
à Saint-Amand-Montrond (Cher),
pour le compte des Éditions Albin Michel.

Achevé d'imprimer en décembre 1997.
N° d'édition : 17060. N° d'impression : 1964-4/1162.
Dépôt légal : janvier 1998.